博物馆奇妙之旅

这就是马王堆

萨日娜 —— 文
南方 —— 绘

欢迎来到马王堆生活剧场
开启全景式汉朝畅游模式

五洲传播出版社
China Intercontinental Press

前言

宏大瑰丽的彩棺巨椁、脑洞大开的T形帛画、千年不腐的辛追夫人……被誉为"世界十大古墓稀世珍宝之一"的马王堆汉墓,展现出的是汉朝人的生活画卷。快来一睹来自汉朝的"不朽奇迹"吧!

一场意外的发现,叩响了穿越西汉的大门,马王堆汉墓是一条时光隧道,开启了去往西汉的奇妙之旅。

你能想象吗?一具"沉睡"了2000多年的女尸,在出土时依然栩栩如生,部分关节还可以活动,皮肤柔软有弹性,头发,睫毛,指甲都保存完整,甚至连指纹都清晰可见。她像睡着了一样,千年的时光,没有在她身上留下痕迹。这是迄今为止,我国出土的保存最完好的湿尸——马王堆辛追夫人。

辛追夫人是谁呢?为何会千年不腐?是什么样的墓

葬可以在 2000 多年里都不被侵蚀？又是什么样的身份可以让她的墓葬如此奢华？她的陪葬品又告诉我们哪些故事？《这就是马王堆》是一辆穿越千年的"时光列车"，带给读者一场博物馆奇妙之旅，揭开马王堆汉墓的神秘面纱，去了解在 2200 年前的西汉是什么模样？！

马王堆汉墓的丧葬方式和奢华的陪葬品，代表了墓主人家族在当时的社会地位，700 余件精美且工艺繁琐的漆器、器皿等，反映了当时的制造业水平和审美；500 余件丝织衣物，力证了历史文献中西汉时期就有"丝国"的记载，工艺之精美，令人惊叹；逾 50 册简帛文书，体现了西汉时期的生活方式和六艺、术数、方技等研究成果，令人惊叹不已。

长沙马王堆汉墓，是 20 世纪世界考古最重大的发现之一，一共出土了 3000 多件（套）珍贵文物，墓葬结构和特殊材质，使得陪葬品都保存完好，色彩鲜艳，呈现出了两千多年以前的文明与繁荣。

如果你也想了解西汉的生活是什么样，那么带着你的好奇心，乘坐这辆"时光列车"吧！

目录

前言 /002

第一章 马王堆出土 汉·无极 /006

备战挖出惊天汉墓 /008

沉睡的"贵妇" /020

棺几重,身份定 /029

第二章 辛追夫人的贵妇生活 /034

华服层层穿,那叫一个豪 /036

帽子手套香囊,一个都不能少 /044

世界上最轻的衣服 /051

这样的梳妆台可以来个同款 /056

我们都是木头人 /062

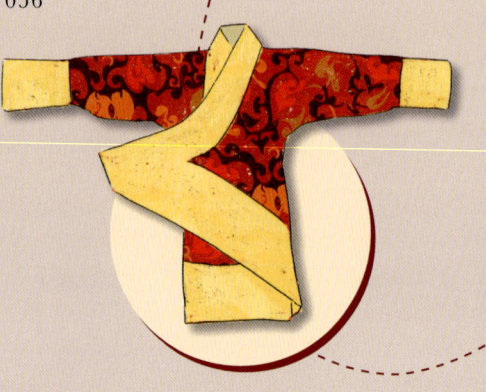

第三章 娱乐娱乐，生活更美好 /068

琴瑟和鸣一段，可好？/070

谁说漆具不值钱？/077

水果连连看 /083

唯有美食不可辜负 /089

举杯邀个明月吧 /093

第四章 古人的学问不可小觑 /098

金贵的帛书 /100

此《道德经》非彼《道德经》/103

2000多年前的天象是这样的 /108

长沙国到底有多大？/113

一二三四，二二三四，强身又健体 /119

脑洞有多大，天地就有多大 /125

你会相信这样的说法吗?"死亡,并不是生命的终止,而是走向另一个世界,生命不会结束,而是一场周而复始的轮回。"长沙马王堆汉墓出土丝绵袍中有一句话:"安乐如意,长寿无极"。肉身埋藏于地下,灵魂会飞向天上的仙境。"无极",认为生命是无极轮回,是永生。

意外发现的神秘墓葬、华丽的棺椁、"沉睡"的女子、奢华的陪葬品,是马王堆带给世人的"永生奇迹",其将揭开"无极"之谜。

备战挖出惊天汉墓

　　1971年年底,湖南省军区366医院要挖掘一个战备防空洞,作为地下医院使用。工人在挖掘时,越挖发现泥土越松软,总是出现塌方,有几个工人用铁钎在地下戳,结果有气体冒出。工人们觉得不对劲,于是用水去浇,也灭不掉,就用火去点,结果有一股蓝色的"鬼火"突然窜了出来。所谓"鬼火"其实就是沼气,在新中国成立前,湖南就挖过这种墓。这种墓又叫"火洞子墓"或"火坑墓",保存得很好。这种气体喷了3天之后,考古人员才得知消息。就这样,一座2000年前的汉代古墓,意外重见天日。

　　发现古墓之后,挖掘工作拉开了帷幕。考古工作人员向上级申请调来了两台推土机,工作了近一星期,才移走了一号墓上的土丘,一个南北长20余米,东西宽约17米的墓坑显世。墓坑建造得很有规律,四周都是1米宽1米高的台阶,台阶有规律地逐级向下向里收缩,

马王堆汉墓发现现场场景图

像个方斗。这种造型是当年建造陵墓的人为了方便挖掘取土和下葬专门设计的。

　　正在考古人员摩拳擦掌准备大干一场时,却在墓坑的封土上陆续发现了两个盗洞。这个发现犹如一盆冷水兜头浇下,让大家原本雀跃的心情变得有些心灰意冷起来。因为只要有一个盗洞通到了墓室,就意味着这次的考古工作基本上不会有什么大的收获。不过也有人认为,如果盗洞打到了墓室,之前就不会出现"鬼火"了。

　　幸运地说,两个盗洞都没有打通。第一个盗洞甚至离墓室的保护层白膏泥不到半米。就这样,马王堆一号墓逃过一劫,成为传奇。

　　考古工作人员用了3年的时间进行挖掘,一共发现了3座汉代古墓,出土了3000多件(套)文物,其中漆器700多件、兵器38件、竹木简922支、丝织品500多件、木俑266个、竹器100多件,另外还有大量的农副产品、中草药、生活用品、劳动工具等。更稀奇的是,在出土的餐具里居然还有2000多年前的食物——一鼎鲫鱼藕片芹菜羹,藕片看起来,就像当天刚做的一样,考古工作人员赶紧拍照记录下这个奇迹。可惜就在出棺的一瞬间,莲藕接触氧气发生了氧化,一点点地消失了。

　　在挖掘的过程里,有几片树叶也渐渐发黑,这引起了工作人员的注意。原本以为是旁边的风吹落叶,

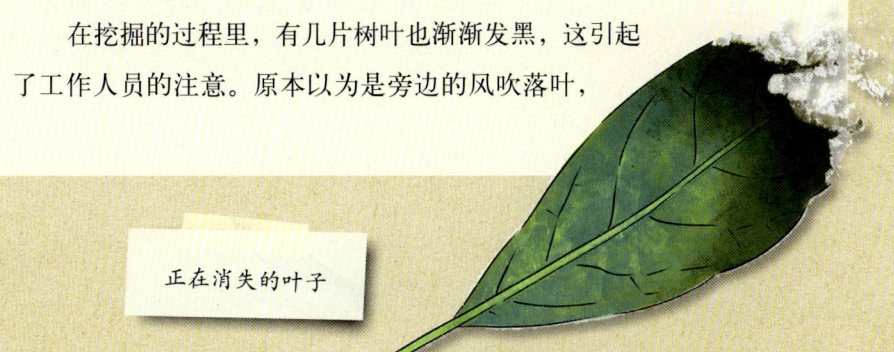

正在消失的叶子

没想到，原来是墓中的叶子在接触空气后，发生氧化变黑，然后一点点地消失了。这让在场的人们惊喜又遗憾。想象一下，在2200年前的某一天，有一群人在同一个地方埋葬棺椁，将当时的落叶也一同埋进了墓穴。在防腐的环境中，树叶与墓主人一同沉睡了千年，醒来之后，成了考古人员的"见面礼"。尽管只是一面之缘，转瞬即逝，可它依然让人们激动不已。它像是西汉邮寄给现代的明信片，经过了"时光"这个邮局，与我们相见。

马王堆汉墓出土了大量的文物，并且保存基本完好，这引起了全世界的轰动。据新华社统计，1972年有160多个国家和地区的媒体争相报道了这一考古发现，成为当时全世界最热门的新闻之一。各国首脑、专家、学者和社会人士，也对这一考古界的大新闻纷纷关注和赞誉。这就是大名鼎鼎的马王堆汉墓！

马王堆的外景

考古学家夏鼐

马王堆其实不姓"马"

马王堆这个名字，听起来应该和"马王"有关，考古学家最初也这样认为的。恰好在清朝嘉庆年间的《长沙县志》中，确实有一位"马王"，他是五代时期统治楚国的楚王，名叫马殷。马王堆最初被认为就是马殷和他儿子的墓葬。五代时期，盗墓猖獗，很多贵族害怕自己的墓葬被盗墓贼偷盗，为了掩人耳目，会修建一些假坟墓，这种假坟叫"疑冢"。因此马殷和他儿子的真正墓葬一直没有找到。

马王堆的位置在浏阳河畔，这里四周空旷平坦，只有中间凸起两个小山丘，像极了"马鞍"，会不会这里是叫"马鞍堆"呢？因为四周没有任何有关历史年代和墓葬的标记，所以马王堆的名字之谜，只能靠想象与猜测。

不过，这些说法在20世纪50年代被推翻了。著名的考古学家夏鼐先生率领团队来考察，他断定这里不是五代时期的墓，而是一座汉墓，甚至更早。但墓主人是谁？无从知晓。

夏鼐先生是谁？他又是依据什么来判断的呢？

夏鼐先生是中国考古界的元老，是著名的考古学家、埃及学家、新中国考古工作的主要指导者和组织者，也是中国现代考古学的奠基人之一。1934 年，夏鼐毕业于清华大学历史系，接着考取了国家公费留学的资格去英国伦敦大学留学。1941 年，夏鼐博士毕业后回国任中央博物院筹备处专门委员。1945 年，他通过甘肃阳洼湾齐家文化墓葬的挖掘，第一次从地层学上确认仰韶文化的年代早于齐家文化，从而纠正了原来关于甘肃远古文化分期问题的错误判断，根据发掘的层位关系修订了传统的学说，标志着新中国史前考古学的新起点。20 世纪 50 年代，他曾率队在河南辉县进行考古挖掘，第一次发现比安阳殷墟更早的商代遗址，从地域和年代上扩大了对商文化的认识。1956 年，夏鼐主持并参加了北京明定陵的发掘。夏鼐先生是我国考古界的权威，学识渊博，经验丰富。

考古界业内有这样一种说法："唐半山，宋湾湾，汉墓出在山尖尖"，这句话是指每个朝代有着不同的丧葬礼制，对下葬的地点、下葬的方式、陪葬品的规模都有严格的规定。夏鼐先生正是依据墓葬的地势特征来判断墓葬的年代。

其实，在春秋以前，古人的墓葬是没有坟的，即"不封不树"，不堆土也不立碑。直到春秋才有了坟墓一说。相传，孔子幼年丧父，都不知道父亲葬在哪里。长大后多方寻找才找到，并将母亲遗骸迁来与父亲合葬。为了便于祭祀，孔子在父母的墓地上立了标志。后来，标识逐渐变成墓主人身份和地位的象征,于是就有这样一句话:"封土之下必有墓"。

秦汉时期,一统天下的霸气也体现在墓葬方面,据说当时的诸侯帝王陵墓都"丘垄高大若山陵"。如秦始皇陵,高43米,外垣周长6.3千米。

虽然早在20世纪50年代,夏鼐团队就确认了马王堆为汉墓,但当时,我国还没有条件马上对马王堆进行挖掘,于是夏鼐先生秉持着"保护为主,抢救第一"的原则,先搁置挖掘,并立刻把这一片土地保护起来了。随着岁月流逝,人们渐渐地淡忘了它,马王堆又变成了荒山头。

墓主人的"身份证"

古人的"身份证"是什么呢?是印章。

在秦朝之前,就出现了印章。"玺"是印章最早的名称,在秦朝统一之前,无论是官印,还是私印,都称之为"玺"。秦朝统一之后,秦始皇为了彰显皇帝的权威,规定只有皇帝、皇后使用的印章,才能叫"玺",用玉雕刻。而臣民用的只能称为"印",并且不能用玉石制造。

到了汉代,政策逐渐放宽,诸侯王的印章也可以称为"玺"。官吏们的印章称之为"印",将军的印章称之为"章"。

汉代是印章兴盛的时期，对印章的管理十分严格，印章种类繁多，不仅有大印，还有"方寸之印"，就是"迷你版"的印章。边长约2厘米，造型多样，方便携带。此外还有中间有孔的印章，可以系上丝带，戴在身上，美观又不容易丢失。这条系印的带子，叫做"绶带"，不同的颜色代表不同的级别，比如紫色和青色的绶带级别最高，所以"青紫"也成了高官的代名词。黑色和黄色的绶带，略低一级。官吏们在腰间佩戴一个方形的鞶囊，印章放进去，印章上要篆刻官位、身份、名字等信息，绶带露出来，这样就可以一眼识别出官吏的身份等级了。

普通的老百姓也有民间的私印，重要的事情上盖印，就和我们今天要签字署名一样。

印章有一面印、两面印、三面印，甚至有六面印，这体现了汉代印章制作工艺技术高超的水平。人们先将字篆刻在印章上，然后再雕刻喜欢的图案、画框、形状，这种将书法和雕刻结合的工艺，称为"篆刻艺术"。

在2000多年前的西汉，人们的书信是写在竹简上，然后卷起来，

带绶带的印章

用绳子系上，再用泥巴块将绳结封住，最后用印章在泥块上盖个印记，这样如果有人偷偷私拆了信件就会被发现了。可见，西汉就已经有了保护个人隐私的意识，不可以私拆他人的信件哦。

马王堆二号墓出土的 3 枚印章，分别刻着"轪侯之印""长沙丞相"和"利苍"。这就告诉了我们，墓主人的名字叫利苍，身份是轪侯。轪侯是古时候的一种贵族身份，他的官职是长沙丞相，管理着当时的长沙国。这一发现揭开了马王堆古墓之谜，于是考古人员称二号墓为马王堆的"眼睛"，这双眼睛让我们看到了谜底。

据《史记》记载，利苍是第一代轪侯，生于战国末年，逝于西汉吕后二年（公元前 186 年），早年参加过秦末战事、楚汉之争，是跟随汉高祖刘邦打天下的元老，在汉朝初期担任了长沙国丞相，惠帝时期被封为轪侯。

一家三口的墓室

马王堆 3 座汉墓是西汉时期轪侯家族的墓葬，分别葬着长沙丞相利苍和他的妻儿。湖南博物院按照发现时间的顺序，将它们编为一、二、三号墓。

一号墓位于东边土冢。1972 年 1 月 16 日至 4 月 28 日，考古工

轪侯之印

作者在极其艰苦的环境下，对一号墓进行挖掘，出土了丝织品、漆器、帛画、竹简等珍贵文物1000多件（套），还有震惊全世界的"千年女尸"——一具保存完好的"湿尸"，这是世界防腐史上的奇迹。随葬品中有铭文、印章"妾辛追""轪侯家丞"封泥，确定了她的身份是轪侯家族的女主人，名为"辛追"。

1973年12月18日到1974年的1月13日，考古工作者对马王堆二号墓展开了挖掘工作。由于一号辛追墓带给人们太多的惊喜，所以二号墓的发掘力量，调集了当时中国考古学、历史学、医学等众多学科的顶级学者、专家参与发掘和研究。令人遗憾的是，二号墓曾被盗墓，墓室损毁，大量文物流失，棺椁、遗体腐败。但不幸中的万幸，是在出土的200多件随葬品中，发现了3枚印章——"利苍""长沙丞相""轪侯之印"，从而确定了墓主人的身份。

一号墓和二号墓的位置是一东一西，符合西汉的墓葬礼制，夫妻不合葬，而是东西平行并列分葬。

在一号墓下首还覆盖了三号墓，考古工作者在1973年11月19日至12月13日对三号墓进行了挖掘。三号墓保存完好，出土了1600多件随葬品，其中有兵器、漆器，还有内容丰富的帛书。墓中的骸骨经过化验，是一位30岁左右的青年男子。按礼俗和墓葬位置来看，推测是

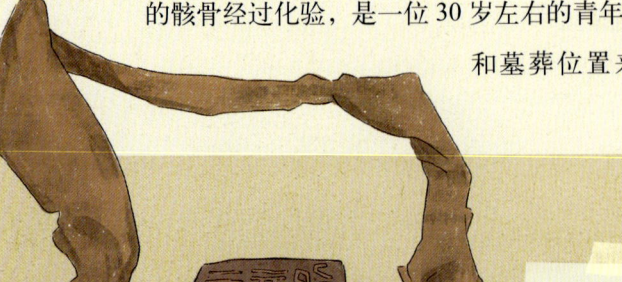

"妾辛追"印

> 西汉初年坐牛车的大臣

利苍的后代，也就是利苍和辛追的儿子，名叫利豨。

根据出土的简牍上记载的下葬年代来看：利苍，西汉吕后二年（公元前 186 年）逝世；利豨，汉文帝前元十二年（公元前 168 年）葬；辛追，汉文帝后元元年（公元前 163 年左右）逝世。女主人中年丧夫、晚年丧子，一家三口中，女主人是最后离世的。

没有金银陪葬品的大墓

如此显赫的轪侯家世，陪葬品却没有贵重的金银玉器，这是为什么呢？

在汉朝初年，经济萧条，民生凋敝，历经战乱，到处一片荒凉。《汉书·食货志》中记载："天下既定，民亡盖臧，自天子不能具醇驷，而将相或乘牛车。"也就是说西汉初年的汉王朝穷到皇帝甚至找不到四匹同样毛色的马来拉车，大臣只能坐牛车。

在这样的社会环境下，西汉初年的几位皇帝不得不厉行节俭，为了缓解民间百姓的疾苦，数次"轻徭薄赋"。从汉高祖刘邦到文、景两帝，都在贯彻"无为而治"的"黄老思想"，坚持"与民生息"的经济政策。

汉文帝在位的 23 年，崇尚节俭，一直为创建廉洁、勤俭的社会风气不懈努力。据传，有一次汉文帝想修建一个"露台"，但在得知需要"百金"，也就是相当于 10 个家庭的财产后，便作罢了。他最宠爱的慎夫人，也是"衣不曳地，帷帐无文绣"。与其他帝王不同，汉文帝没有大肆修建陵墓，而是对生死有着朴素的理解，他说："盖天下万物之萌生，靡不有死。死者天地之理，物之自然。"因此他在修建自己的陵墓时，也非常朴素。

《汉书·文帝纪》记载："治霸陵，皆瓦器，不得以金银铜锡为饰，因其山，不起坟。"这句话的意思是：修建霸陵，皆用瓦器陪葬，不用金银铜等装饰品。因为爱惜民力，他的陵寝没有高高的封土堆，墓中的陪葬品也是一些陶器，没有奢华的物品，这在历代封建帝王中是很少见的。

皇帝都如此节俭，大臣们自然也不敢僭越，因此这个时期的墓

马王堆汉墓陈列展厅云纹漆鼎

葬，都是用牛角、木制品和陶器等来作为陪葬品。所以马王堆汉墓中没有金银玉器等贵重的金属随葬品。

虽然没有金银玉器，但马王堆3座古墓当中出土的大量精美的漆器，也可以和金银玉器相媲美。

一号辛追墓漆器共有184件，以木竹胎和夹纻胎为主，器型主要有鼎、钫、锺、盒、匕、卮、勺、耳杯、具杯盒、盘、壶、案、匜、奁、几、屏风等。二号利苍墓出土漆器约200件，大多残损，可分辨出的器型有耳杯约100件，盘约70余件，以及奁、圆壶、器座和匕等。三号利豨墓出土漆器共有316件，鼎6件，盒、壶、钫、盆、盘共68件，卮、匕、勺、耳杯共174件，耳杯盒、奁、匜、案、几、屏风、箕等，大多为木胎，部分漆器上有字。

这是我国已出土的汉代漆器中数量最多、保存最好的一批。这些漆器覆盖了生活的方方面面，制作精美，品类繁多，由此可见，漆器工艺在西汉时期已经达到了一个鼎盛的状态。

马王堆汉墓出土漆器

第一章 马王堆出土 汉·无极

沉睡的"贵妇"

马王堆墓葬结构的规格和大量的随葬品证明了墓主人的身份非常尊贵。随葬品保存完好,这让考古学家们非常期待一睹墓主人的真容。丝织品都能保存完好,那么墓主人的尸身,又可否保存完好呢?这位印章上名叫"辛追"的贵妇,是什么样的容貌?她有着什么样的人生故事?

地下宫殿

当考古人员把墓室上的最后一层泥土取走,出现了一层浅绿色的竹席,就像是刚制成的,可在接触到空气的瞬间,竹席逐渐变黑,整整26床竹席,平铺在椁板顶上。

竹席之下是一个巨大的棺椁。所谓棺椁就是安放棺木和陪葬品的大木室。棺椁的周围通常都被塞满几十厘米厚的木炭,再封以约1米厚的白膏泥,用以防潮防腐。

千年女尸的棺椁被埋葬在一个地下20多米的深坑中,相当于6层楼那么高。70多块巨大的千年杉木,制作出一个"井"字形的椁室,坐北朝南。"井椁"是对王公贵族宫殿的模拟,是亡者的地下宫殿,由一个中心主室和四个边室组成,犹如一个"井"字。北边的头厢犹如墓主人的堂屋,宽大而布置豪华,底部铺着地毯一样的竹席,四周挂着绚丽鲜艳的帷幔。《汉书·货殖列传》中记载:"富者木土被文锦。""木土"指房子的墙壁,"被文锦"是指墙壁上挂着用锦绣做的帷幔。在汉代,富贵人家的居室或堂屋的墙壁上是张挂锦绣帷幔的。东、西、南三个边厢模拟的是主人家的厢房。头厢和边厢里都分别摆放着随葬品。

马王堆一号墓的棺椁长6.72米,宽4.88米,通高2.8米,由70多块杉木板组成。这些杉木板每一块都是完整的,非常巨大,要千年以上的时间才能生长得如此粗大。

每一块杉木板都有3000多斤,如此巨大的千年杉木在长沙国是很难找到的,必须从很远的原始森林里运过来,而且运输过程也是一项漫长又巨大的工程。

井椁和棺椁全部采用榫卯结构,这是中国古

马王堆一号墓内场景图

建筑的传统结构，采用木构架为主，不用一颗钉子，各个构件之间的结合点，紧密吻合，严丝合缝。榫卯结构的特点是越挤压越夯实牢固。

井椁的中间部分就是千年女尸的棺椁，一共有四层，里里外外，一层套一层，最外层用一米多厚的白膏泥密封。白膏泥在考古学界比较常见，在贵族墓葬中尤为普遍。白膏泥的黏度高，用于密封再好不过，可以完全地阻断空气和水分，是棺椁的"保护神"之一。

之后，再放进一万多斤木炭，木炭的功能是防潮、吸水，还可以吸附空气里的杂质，使棺椁密不透风，完全隔绝了空气，因而形成一个恒温、恒湿、无菌、无氧的防腐环境。

中国传统木建筑的斗拱模型，是榫卯结构的最佳表现方式。

千年不朽的"冻龄"美人

当考古人员将最里面一层锦饰内棺打开的瞬间，只见满满一棺的丝织品填满了整个内棺，惊呆了在场的所有人。女尸被放在密封的锦饰内棺中，面部覆盖着两件"覆面"：一件绛色织锦，盖于前额和两眼；一件素绢，内里填充丝绵，做束腰形，盖于鼻梁上，两手握绢面绣花香囊，内盛香草，双脚穿青丝履，身上穿着和包裹了各式衣物共20层，从头到脚层层包裹。再覆盖印花敷彩黄纱绵袍和长寿绣绛红绵袍。

这位"沉睡"了2200多年的女尸，头发还有光泽，皮肤按下去还会回弹，牙齿、指甲都保存完好，部分关节还可以活动，右眼的眼睑上甚至还保存着几根睫毛，鼻子也没有塌。

辛追棺椁的布局图

第一章 马王堆出土 汉·无极

为了保护好千年女尸，使其不被氧化，医务人员迅速地对其进行了科学保护。当为她注射福尔马林混合液作为防腐剂时，惊人的一幕发生了：针管扎进皮肤，推进防腐液时，软组织随之鼓起，随后逐渐扩散。一具2200年前的尸体竟然有这样的血管弹性和肌肉弹性！

经解剖发现，辛追夫人的内脏器官保存完好，胶原纤维和刚去世时相似，细如发丝的肺部神经也历历可数，血管里尚有凝固的血块，血型为A型。肌肉依然有弹性，颅骨结实，脑膜完整，皮下脂肪丰富，就连极易腐败的淋巴导管也依然存在，血管清晰。体腔液无细菌……千年女尸能保存到这种程度，是罕见的奇迹。考古学家也十分震惊！

经过病理检测，辛追夫人生前患有多种疾病，如冠心病、动脉粥样硬化、多发性胆结石，并在直肠和肝脏中发现了鞭虫卵、蛲虫卵、血吸虫卵，在食管和胃里还发现了138粒半没有消化的甜瓜籽，可知她死于瓜熟时节。专家推断，她是胆绞痛引发冠心病致死，去世时年纪约50岁。

专家对棺椁中的茶色液体进行化验，发现里面的成分有中草药和朱砂、氨基酸等化学物质。另外，专家还在辛追夫人体内检测出了水银，推测出她生前应该服用过丹药。在汉代，达官贵人都服用丹药，追求长生不老，丹药里有汞，有毒却能抑菌，棺椁里的液体和尸体里的液体，也含有水银，恰好起到了防腐的效果。

可是如何保存这位出土的"贵妇"呢？有一位工作人员建议，将她放在火上熏制。在湖南地区，熏制腊肉是当地保存肉制品的方式。但是熏制辛追夫人，肯定是不可取的。

后来湖南博物院委托玻璃厂，为辛追夫人订制了一口特殊材质的玻璃棺材，将福尔马林混合液倒在里面，起到防腐作用，于是辛追夫人的肉体得到了保护，可以继续安心地长眠。

没有人知道辛追夫人的来历，史料中也没有关于她的记载，根据其他史料结合起来推断，她应该是在年轻时嫁给了比她年长很多的利苍。丈夫去世时，辛追只有三十多岁，之后，利苍的儿子利豨继承了侯爵的封号，一家人仍旧生活在长沙。

利苍死后，轪侯家的府邸不但没有衰落，反而越发兴盛。辛追夫人及家人是如何获得了如此多的财富？他们一家人又过怎样的生活？这些疑惑我们无从得知，这个未解之谜，埋藏在了历史的深处。

防腐技术哪家强？

在人类历史的长河中，不同国家、不同民族、不同宗教的人群都发明过保护尸体不腐的技术。5000年前的古埃及人认为人的肉身不腐，灵魂就会穿过地狱，再回到人间。这种"复活"的前提条件是肉身不腐。埃及的防腐采用"干尸保存法"，在人死后将内脏去除，但必须保留好心脏，因为埃及人认为心脏是"智慧之眼"，没有完整的心脏就无法复活。接着在掏空的腹腔里塞入桂皮、香料，用酒精来清洗腹腔。洗干净之后，再填满植物纤维来支撑身体，防止尸体被掏空后变形。再把尸体放到泡碱中，脱水40天，彻底脱干水分后，用香料、松子油涂满全身，再用赭石上色。一般男性染成红色，女性染成黄色，染好之后就缠上绷带，身边放一些护身符。

　　古埃及人认为死亡是另一种开始，灵魂是栖息在肉体上的，一旦肉体破坏了，灵魂也就消失了，所以古埃及人想尽一切办法，希望肉体永存。而对埃及人来说，逝者更重要的是要通过冥界炼狱的考验。亡灵书就是"通关手册"，埃及人称为"进入光明之书"，每一本亡灵

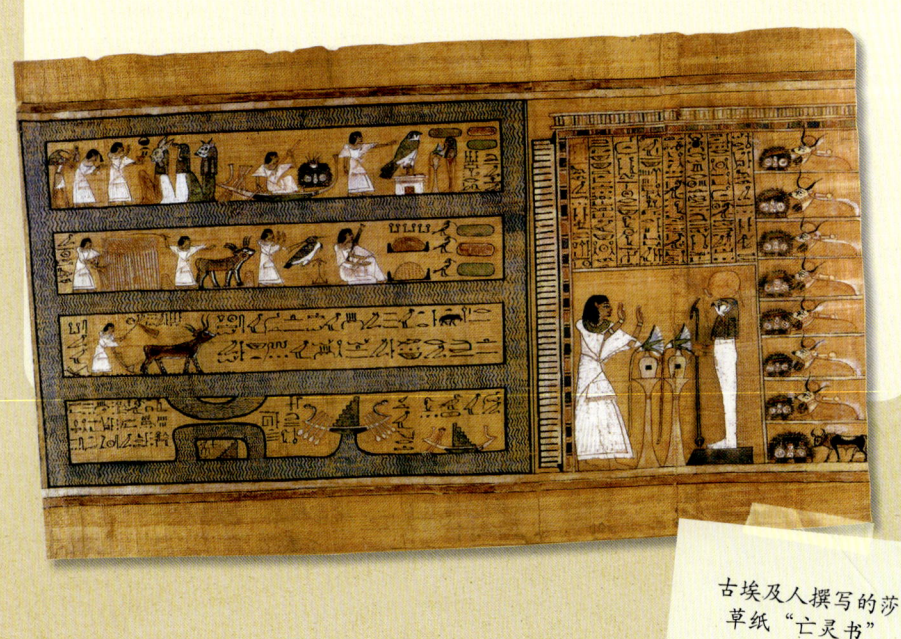

古埃及人撰写的莎草纸"亡灵书"

书的内容都不一样,但是大体都是结合死者生前的经历来预测他在冥界会遇到什么样的考验,在莎草纸上写下咒语,地位越高的人,内容就会越丰富,咒语越多。例如"无罪声明",就是对逝者生前没有偷盗、没有浪费等42种罪依次全部否认。在对死者进行审判时,冥界将逝者的心脏和"正义羽毛"放在天平上,如果心脏比正义羽毛轻,就算通关了,反之,心脏就会被掌管炼狱的女神吃掉,无法复活。

中国古代的尸体防腐技术到底产生于何时,史料并未记载,但在春秋战国时期,人们对水银的物理性和化学性已经有了很深的了解。水银会被用来作为临床治病的药品以及保健品等。

尸体防腐是一项很复杂的工程,还涉及用多重棺椁保护、对棺椁的木质有什么要求、墓穴的深度如何测算等。据汉代的史料记载来看,人从死亡到埋葬,大体有以下几个步骤:将已故的人用香料熬煮的水和酒擦拭身体,起到消毒作用;再喷洒酒,有利于加速棺内的

木乃伊制作过程图

氧化，建立缺氧条件；然后为死者穿戴包裹，面部贴面罩，身上贴身衣，外面包裹多层衣着，进行包扎，防止昆虫从口鼻处爬入，还有助于隔离空气。

在西汉时，流行服用丹药来求长生不老，丹药的制剂含有汞和砷，是有毒物质，可以阻碍细胞代谢。无论是生前的服用还是死后的浸泡，大量的汞是马王堆女尸防腐最重要的原因之一。

棺几重，身份定

在古代，无论是东方还是西方，人们都有追求永生的梦想，都试图用最好的方式保存肉身，让灵魂去往另一个世界，开始新的生活。这些丧葬观在棺椁的装饰上有所体现。

在马王堆一号墓的20.5米的深坑里，出土了辛追夫人的棺椁。考古学家在挖掘时发现棺椁像俄罗斯套娃一样，一层套一层，这令工作人员很惊喜。因为在古墓中见到两重棺木，就表明墓主人是有身份之人，三层棺木的古墓实属罕见，而一号墓是四重木棺。从史料来看，"天子之棺四重，诸公三重，诸侯两重，大夫一重，士不重。""重"即重复的意思，多重棺椁预示着墓主人必定身份非凡。

最外层的"黑漆素棺"没有任何装饰，黑色的漆还散发着油光，庄重中透着一丝阴森，令在场的工作人员都更加严肃起来。黑色代表

辛追墓外椁，1972年马王堆汉墓一号墓出土

死亡，也代表着把死者与生者的世界完全隔离开，让死者不受到外界的打扰。

第二层是"黑地彩绘漆棺"，长2.56米、宽1.18米、高1.14米，棺木内髹朱漆，外髹黑漆。髹是一种古代的工艺，指把漆涂在物体表面。黑地彩绘的颜色搭配庄重且严肃，代表死者的灵魂进入地府。漆棺上流云舒卷自如，云雾中绘有"仙人降豹""怪神操蛇""巨鸟衔鱼""仙人弹奏"等110多个神怪，都是传说中能庇护死者升天的"贴身保镖"。这些"保镖"可以降妖除魔护送墓主人顺利通往仙境，可见当时工匠的想象力多么丰富，也说明地府到仙境的路上并不顺利，会有坎坷，需要这些武艺高强的"保镖"一路护送。后经专家研究，黑地彩绘漆棺的漆画采用的是堆漆画法，也就是后世流传的"铁线描"法。

第三层"朱地彩绘漆棺"，长2.3米、宽0.92米、高0.89米，通体内外髹的都是朱漆。这种"内外洞朱"的彩绘漆棺只有身份很高的

黑地彩绘漆棺

贵族才能享用。在鲜明的朱漆地上，用了青绿、粉褐、藕褐、赤褐、黄白等颜色，绘制出龙、虎、朱雀、鹿、仙人和昆仑山等寓意吉祥的图案。这表现了死者的灵魂已经摆脱邪魔侵扰，到达了人间仙境。棺画的色彩非常艳丽，在棺头上有两只小鹿，中间是一座山峰，周围装饰了曲线的云纹，像极了云雾缭绕的山，又像是火焰。可以想象，在汉朝人的心中，天国是一个山清水秀、仙鹿相伴的地方。这样的图案也是一件精美的艺术品，让人们展开无限的想象，反映了当时的人们在工艺美术方面有了很高的审美。

铺绒又贴羽的超豪华漆棺

第四层棺木，也就是最内层的棺木，叫"锦地漆棺"，也被称之为"锦饰内棺"，长 2.02 米、宽 0.69 米、通高 0.63 米。第四层棺木上覆盖着一件长 2.5 米，上宽 0.92 米，下宽 0.477 米的 T 形帛衣，也叫"非衣"，也被称为"招魂幡"，是出殡时用来引领出殡队伍，同时

朱地彩绘漆棺

第一章 马王堆出土 汉·无极　031

为死者招魂，引渡死者的灵魂进入天国的。T型帛衣是件非常精美的艺术作品，图案繁复而富有想象，色彩鲜艳，由天国、人间和地府三部分组成，脑洞大开的想象、奇妙的构图、生动的人物形象、自由灵动的线条，让它成为了解楚汉墓葬习俗，以及汉初绘画风格的珍品。

第四层棺木棺内髹朱漆，外髹黑漆，棺木外面横着缠绕着两道宽12厘米的帛束，每道六七层。盖板和四壁饰树纹铺绒绣和羽毛贴花绢，"羽毛贴花绢"是在一条长81.5厘米、宽42厘米的丝绢上，把各种彩色的羽毛贴在上面，其中红色和棕色的羽毛最多，组成一组菱形的图案，装饰在棺材的内壁四周，象征死者灵魂借以羽化成仙，通达不死仙境。马王堆一号墓这种羽毛贴花绢的棺木在中国也是首次发现。

彩色的羽毛在古代很受欢迎，人们把漂亮的羽毛用来做装饰品。《汉书·郊祀志》中记载："衣羽衣，立茅上。"意思是，穿上羽毛做的衣服，就可以飞翔。这件羽毛贴花绢寓意着死者灵魂将借以羽毛化作仙，通往了不死的仙境。

在内棺之外，还有一样漂亮的装饰物——树纹铺绒绣，它是用朱红、黑色、棕色三种颜色的丝线绣在丝绢上，先用黑色的丝线绣出

第四层棺木外的树纹铺绒绣

斜方格的图案纹路，然后再在方格里用朱红和棕色绣出树纹。这种不露地的绣法，被称为"铺绒"，也是目前我国发现的最早的平针满绣工艺。

马王堆一号墓的四重棺椁从外到里、从暗黑到艳红、从深沉到明艳，也是汉代的丧葬文化的脉络。人在死后，经过黑暗的地府，打败了邪怪，走向了明亮的天国。奇幻的思路，神秘的色彩，也不禁让人感叹，两千年前的漆画，竟然可以如此美轮美奂。

为了更加生动，精准地呈现出马王堆汉墓，湖南博物院利用数字技术，通过14台投影机，采用3D Mapping技术结合多通道投影融技术的大型多媒体展项，在南北长19.5米、东西宽17.8米、深达16米、形状为倒梯形的墓坑结构表面作为投影载体，通过3D Mapping技术结合动态声光的震撼效果，向观众展示了汉代棺椁陈放设置、棺椁图案等，展现了汉代的生活方式和丧葬观念。

锦地漆棺

第一章 马王堆出土 汉·无极

第二章

辛追夫人的贵妇生活

　　轻若云雾，薄如蝉翼，你能相信这是在描述一件衣服吗？世界上最轻的衣服该怎么穿？华丽的服饰，精美的梳妆用品，甚至还有香喷喷的枕头，琳琅满目的陪葬品，衣食住行，管家奴仆，样样齐全。这样的墓葬不禁让人浮想联翩，墓主人是什么样的容貌？又是什么样的性格？过着什么样的生活？答案就在这些文物之中。

华服层层穿，那叫一个豪

马王堆一号墓的第四层棺木被打开时，辛追夫人身上里里外外共包裹了二十二层衣物。棺内的最上部盖着两层丝织物，第一层是"长寿绣"绛红绢绵袍，第二层是印花敷彩黄色纱绵袍。揭开这两层丝织物后，露出了丝绸单衣。单衣外侧用八横一竖九条丝带，将单衣和辛追夫人捆扎起来。由于经过了2000多年时光，丝织品都粘在一起，这些丝织品表面光鲜亮丽，但实际却像豆腐一样，手指稍稍用力就捏碎了。考古人员只能小心翼翼地完成剥离工作。

由于剥离工作非常艰难，工作人员决定用刀切开一部分，分成几块剥离，于是，一直到第六层的"乘云绣"绢单衣剥离完毕之后，露出了完整的第七层罗地

印花敷彩纱丝绵袍

"信期绣"单衣、第八层灰色细麻布、第九层"茱萸纹绣"绣绢单衣，后来揭取的第十层至十七层，分别是"方棋纹绣""信期绣""乘云绣"等各种高级丝绸袍子和丝绸单衣，第十八层是白麻布包裹，第十九层是穿在辛追夫人身上的细麻布单衣。当切到第二十层尸身织物时，考古专家停了下来，用手指尝试着碰了碰尸身，震惊地发现竟然有柔软的触感。当最后一层，也就是第二十层织物被剥离时，辛追夫人终于重见天日，面色如生，肌体柔软、皮肤呈淡黄色，富有弹性。

第二十层是贴身的罗地"信期绣"绵袍。至此，二十层的衣物全都剥离完毕，这些华丽精美的丝织衣物，让在场的所有人惊叹！这些丝织品的面料、款式、颜色、花纹等，在汉代，只有身份尊贵的女子，才可以有如此奢华的装束。辛追果真是名副其实的"贵妇"。

华服值百万

马王堆一号辛追墓一共出土了一百多件的衣物，随葬的高级锦绣丝绸有六箱。三号利豨墓随葬的高级丝绸锦绣有11箱，品种和数量都比一号墓多。数量如此之多，

朱红菱形纹
罗地丝绵袍

品质如此之好的锦绣丝绸文物，是极其珍贵的。

春秋末期的政治家、大商人范蠡所著的《范子计然书》中记载："能绣细文出齐，上价匹二万，中万，下五千也。"意思是，一匹好的刺绣要2万，中等的1万，差的也要5000。古代一件直裾丝绸袍子，里和面加起来要用衣料23米；一件曲裾袍子要用衣料32米。当时汉尺四十尺为一匹，一尺合今23厘米，也就是说，一件直裾丝绸袍子在汉代要用二匹半的布；一件曲裾袍子则要用三匹半布。如果按每匹2万计算，则直裾袍一件价5万，曲裾袍价7万。因此，仅一号墓34件刺绣就价值200万钱左右。而一、三号墓随葬的锦绣丝绸价值近千万。

贵妇的"衣橱"

从马王堆汉墓出土的丝织物可以归纳出汉代的丝织物品种包括绢、纱、绮、罗、锦和编织物。丝织物的图案丰富多彩，有几何图案、花纹图案、动物图案，还有

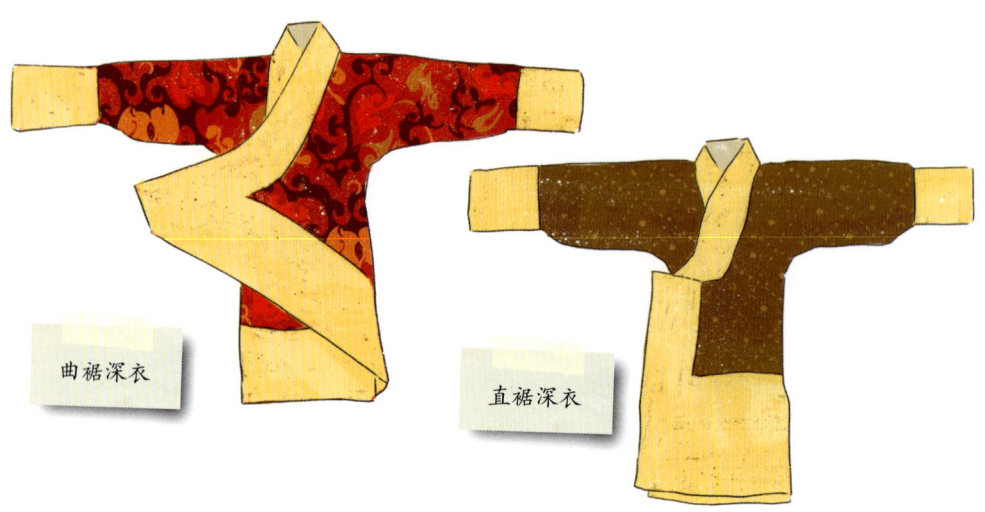

曲裾深衣　　　　　　直裾深衣

信期绣、长寿绣、乘云绣等刺绣品。如此昂贵又如此丰富的随葬服饰，也带给我们一场古代"时装秀"。

在汉代，最时尚的贵族妇女服饰款式，叫"深衣"，是上衣下裙连体的袍衣。深衣又分"曲裾"和"直裾"，曲裾的裙摆曲线流畅，环绕身姿，是汉代服饰中最具特色的。辛追夫人墓中出土的朱红菱形纹罗丝绵袍就是这种款式。曲裾又称"绕襟袍"，衣襟斜向缠绕，下摆呈弧形，根据下摆绕的圈数分为"双绕曲裾"和"三绕曲裾"，长可曳地，行不露足。曲裾的设计和最初没有连裆裤有关，通过下摆缠绕的多重保护来掩蔽身体。而衣襟垂直裁剪的款式称为"直裾"。

汉代另外还有一种上下分开的款式，叫"衣裳制"，就是上衣下裳，上面是衣服，下面是裙子，上衣用料四幅，代表四季，下裳用布12幅，代表十二个月，体现了当时"天地崇拜"的观念，寓意"天人合一"。

古代衣服的颜色、花纹、质地、饰物等也是身份的象征，不是想穿什么颜色就能穿什么颜色的。在汉代，红色为上服，青绿色次之，吏卒衣黑，平民衣白，罪犯衣赭。人们都要严格按照身份来穿着。而辛追夫人的衣服，颜色与图案，都是妥妥的贵族装束。

马王堆汉墓出土的颜色丰富多样的丝织物，也印证了汉代印染技术的发达。丝织物染印工艺，虽然在秦汉的文献中有记载，但在马王堆之前从未发现过实物。一号墓出土的印花敷彩纱，是首次发现的古代印花丝织品实物。

在汉代，精美的绣纹也是身份的特征，精美的图案象征着权力与地位，不仅美观，还有祥瑞的寓意。

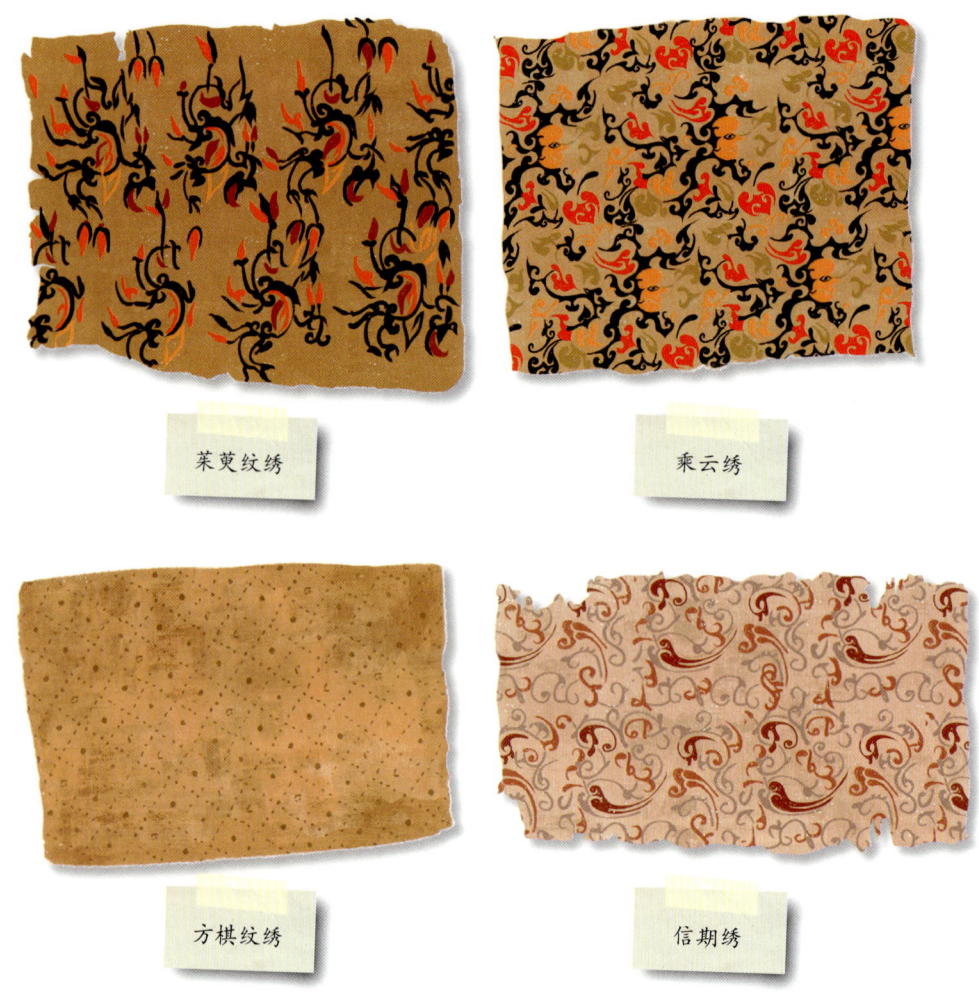

茱萸纹绣　　　　　　　　乘云绣

方棋纹绣　　　　　　　　信期绣

古人追求人与自然的和谐统一，喜欢将自然界的万物和人们美好的意愿相结合，于是就产生了很多似有非有的吉祥物。

信期绣绣品是马王堆汉墓出土绣品中数量最多的一种，共 19 件。因为纹饰中的长尾小鸟似燕子，而燕子

对鸟菱形纹绮地乘云绣

是定期南迁北归的候鸟,年年按期南迁,信期北归,所以就称这种图案为信期绣。

对鸟菱形纹绮地乘云绣,是马王堆出土绣品中最著名的图案。乘云绣以朱红和棕红色为主,橄榄绿穿插,绣出飞卷流云,中央是带眼状的桃形花纹。翻腾飞转的流云雾中隐约可见展翅的凤鸟,寓意"凤鸟乘云",因此被称之为乘云绣。绣法像编麻花瓣一样,相扣成链,构成图案,是出土衣服中年代最早、使用最广泛的一种针法。

这些精美的服饰,面料珍贵,做工细致,图案亮丽,色彩明艳,皆为贵族专属。

汉代的穿衣法则

唐朝经学家孔颖达在《春秋左传正义》中提到,中国礼仪之大,因此称为"夏";服章之美,因此称为"华"。"华夏"这个称谓表明中国是一个服饰华美的礼仪之邦。用服饰来正礼制是中国传统文化,婚嫁、祭祀、丧葬、宴飨等民俗活动,都对服饰有着严格的规定。汉朝作为中国第一个建立完备服饰制度的朝代,将中国传统的"礼仪文化"融入了其中。

汉朝人的服饰分礼服和常服,祭祀及各类重大场合穿礼服,平时穿常服。汉朝的服饰样式繁多,常服大体分为深衣、袍服、短襦(短衣)等。除此之外还有襜褕(直裾单衣)、裙(下裳)等。

汉朝服饰主要的特点就是:外衣领大,领口很低,

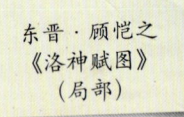
东晋·顾恺之《洛神赋图》(局部)

中衣衣领要露出来。一般来说，穿几件衣服就要露几层衣领。汉朝女子的曲裾深衣，服饰修身，行不露足，宽大的袖子，腰部突出曲线，曼妙多姿，娴静典雅。

有没有听说过把四季也穿在身上？在汉朝可真的会这样。男士们在祭祀的时候，衣服的颜色要根据四季变化而选择。立春，京师百官衣着青色，称之为"孟春青"；立夏，穿红色，称之为"孟夏赤"；立秋前十八日，要穿黄色的衣服，称之为"孟夏黄"；立秋之后，要穿白色的衣服，称之为"孟秋白"；冬季来临，要穿黑色，称之为"孟冬黑"。

由此可见，如果你想穿越到汉代，第一件事就是学习一下"穿衣法规"，古代可没有"穿衣自由"哦。在汉代，衣服可是一个人的身份名片。穿什么面料，什么款式，什么颜色，什么花纹，佩戴什么饰品，都是有严格的身份等级之分，违反了可是会受严惩的。

帽子手套香囊，
一个都不能少

马王堆出土的"千金"绦直筒露指手套

　　在汉代，衣装是一个人的名片，同样彰显身份的还有饰物。汉朝人对服装配饰非常考究，比如腰带所用的带钩，主要用于固定衣物的腰部，往往制成螳螂形或琵琶形，以及竹节、曲棒等形状，生动精致，材料也是五花八门，特别受男子喜爱。马王堆汉墓中出土了冠、巾、手套、香囊、香枕、丝履、绢袜、绢裙，等等。其中辛追墓出土了3双"千金"绦手套，这是我国首次发现的绦手套。绦是丝质之意。这幅手套很奇特，是直筒露指，腕部用绢，掌面是信期绣，在掌面的上下两侧，用丝绦来装饰一周，丝绦上织着"千金"的字样，寓意为价值抵千金。在《史记》中，也将千金之家比喻为富贵人家。

　　马王堆一号辛追墓中还出土了两件有里衬的单裙，形制相同，为腰间系带的款式，用四幅上窄下宽的银褐色绢缝制，左侧为银褐色纱，右侧为绛紫色绢，一般穿在曲裾和直裾的深衣之外，也就是"下裳"。

一鞋一袜，足下有别

在汉代，穿什么鞋袜，也是身份有别的。

马王堆一号辛追墓中出土过4双丝履。丝履是指用丝织品制作的鞋子。丝履在汉代贵族圈是很流行的鞋子，在汉代乐府中的《孔雀东南飞》里就有"足下蹑丝履""揽裙脱丝履"的诗句。丝履虽美，但价格昂贵，也只有贵族才能穿，因为不需要劳作，穿着美观和舒适即可。

马王堆辛追墓出土的丝履，鞋面为丝缕、底用麻线编成

鞋起源于何时，现在已经无从考证。远古时期就出现了兽皮制成的鞋子。新疆楼兰出土的一双羊皮女靴，距今大约四千多年。"履"字最早出现在《周易》中，距今已有三千多年。到了汉代，履成了鞋子的统称，根据材质分为皮履、麻履、丝履等。皮履是兽皮制成，是汉代的"皮鞋"。皮鞋也有细致的划分，"鞜"是贵族所穿的皮鞋，而"鞮"则是奴仆穿的。至于这两种皮鞋到底差别是什么，现在已经无从得知了。

《盐铁论·散不足篇》中写道："古者，庶人贱骑绳控，革鞮皮荐而已。"这里的"鞮"就是庶民等地位卑下者在骑马时穿着的鞋子。而"鞜"则不一样，是相当贵重的鞋子，堪称汉代"高级定制"系列。《汉书》中"绨衣不敝，革鞜不穿"记载汉文帝的勤勉节俭，文帝不穿"鞜"，成为记载于史书上的节俭范例，可见在当时"鞜"是相当贵重的奢侈品。

汉代的"皮鞋"

马王堆汉墓展出的绢袜，辛追墓出土。

汉朝人普通着履，且拥有各种用途的鞋子。一般来说，祭服穿舄，朝服穿履，燕服穿屦，出门穿屐，女子出嫁则穿木屐，骑马则穿靴。舄是木底的履，用于久立的场合或走泥湿地。履是单底鞋。马王堆就出土过四双青丝履。屐是木制的，下有两木齿，与今天的日本木屐类似，但也有以帛为面的，称为帛屐。靴最早出现在游牧民族，后传入中原。长筒靴多为军官所穿，短筒靴多为骑兵装束。

露在外面的鞋履，彰显着鞋主人的身份地位，而藏在鞋子里面的袜子，也大有乾坤。

袜在汉代称"足衣"，有革、丝、布帛等材质。袜高一般一尺多，上端有带，也称"妹"，穿时要用带将袜束紧，叫"结袜"。平时一般穿白色袜，但是祭祀时则要穿绛色袜，以示对神灵、祖先的尊重。皇室、贵族一般穿绢纱制的袜子，且绣有花纹。

辛追墓中出土的两双足衣，是我国迄今为止所见的最早的袜子，用绛紫色的绢缝制而成。袜子外侧的绢用料是细绢,袜子内侧的绢用料较粗,可能是为了防滑,像我们现代的运动袜一样。袜子上再配上素纱绑带,穿起来既舒适又耐磨。这双绢袜是我国首次发现的汉代丝绢袜,是汉代弥足珍贵的服饰实物。绛色是中国传统色彩之一,也有形容女子性格坚韧的寓意。

绢袜也可以作为一份"冬至礼物"。汉代的冬至是和过年一样重大的节日,所谓"冬至大如年",在这一天,人们"献履贡袜,迎福践长",意思是互相赠送鞋袜,迎接吉祥。

送礼送香囊

今天我们常常将香水、香薰作为礼物馈赠朋友,在汉代,香囊也是送礼之佳品。古人含蓄,用小小香囊表达情意,男女互赠香囊表示心意,朋友之间互送香囊表达友谊,母亲送给儿女香囊表达母爱,晚辈送给老人祝福长寿。东汉末年的繁钦有诗《定情》云:"何以致叩叩,

红罗覆斗帐,四角垂香囊

香囊系肘后。"意思是我用什么来表达心中的情意呢?就把香囊系在肘臂下吧。由此可见,小小的香囊寄托着深深的情意。

香囊在古代称之为"容臭",《礼记》中载:"衿缨皆佩容臭",意思是未成年的儿童在领下的彩带上都挂着容臭。香囊中放置草药、香料,可以驱除晦气,也有养生功效,是人人佩戴的随身之物。

辛追夫人墓出土了香囊六个,两短四长。史料记载,从春秋战国时期开始,湘地楚人就有使用香薰、香囊和熏炉的习惯。古代的长沙国地界夏日湿热,蚊虫多,所以古楚地有"昼配香囊,夜用香枕"的习俗。随身携带短小的香囊,避蚊虫又散发香气,是为古代版花露水。而长的香囊,放在卧室里,既可驱蚊还能安神,有助于睡眠。《孔雀东南飞》中有"红罗覆斗帐,四角垂香囊"的句子,意思是红色的罗绸制成的双层小帐,四角分别挂着香囊。可见,古人也是"香薰控",不仅怀香袖兰,袖底生香,就连卧室,也是香喷喷的。

帽子里的大文章

进贤冠

马王堆三号利豨墓中出土了一顶漆纚纱冠,又称武冠,为武将所戴,是一种附加在巾帻之上的漆纱笼冠,用生丝编织之后再涂上生漆,也就是我们常说的"乌纱帽"。这件纱冠是我国迄今所发现的最早的乌纱帽。

乌纱帽起源于东晋,成帝让在都城建康宫中做事的人都佩戴用黑纱制作的帽子,称为乌纱帽,后来流传到民间,无论官吏还是平民,都可以佩戴。直到隋朝乌纱帽才成为官职的专属,成为官服的重要组成部分。从明

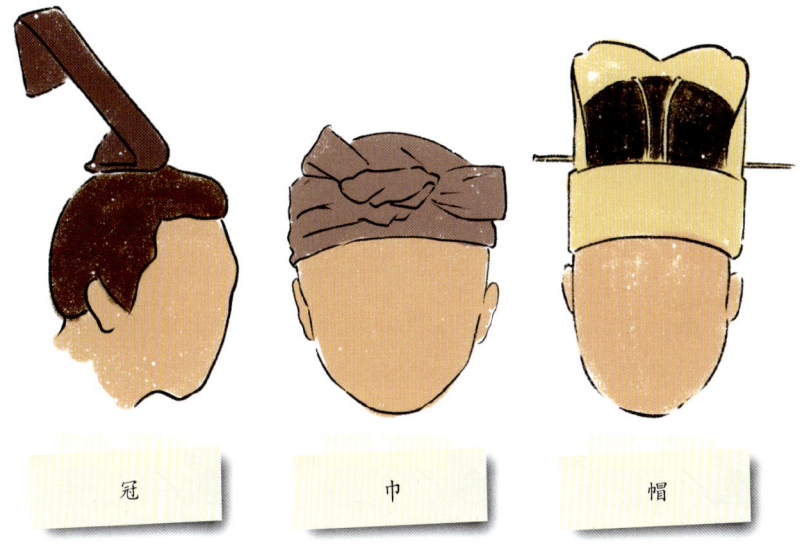

| 冠 | 巾 | 帽 |

朝开始,乌纱帽成了官员的代名词。

古代人认为头是人最尊贵的部位,所以"头"又称"元""首",头上戴的帽子饰物,又被称为"首服"或者"元服",是古代衣冠中重要的部分,也是人们身份尊卑的标志。汉代的首服大致分为三类——冠、巾、帽,冠主要用于装饰,巾用于束发,帽用于御寒。

冠是加在头发上的发罩,从商周发展而来,以鸟兽的羽毛作为装饰,到了汉朝,佩戴冠的制度成熟起来,名目繁多,有冕冠、长冠、进贤冠、武冠等。

獬豸冠

这些冠是身份的象征,也是社会分工的划分。学者佩戴布制的冠,称为"进贤冠",在进行学术交流时,必须佩戴这样的冠。执法人员佩戴"法冠",又称"獬豸冠"。獬豸是传说中的一种独角兽,人们认为它能看清世间的是非曲直,公正无比。可见,人们对执法者的

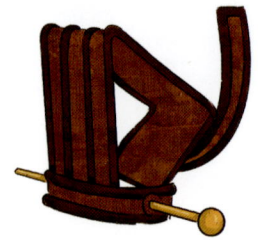

却敌冠

期许就是"公正严明"。"武冠",顾名思义,是武将戴的冠,上面纹饰着好斗的鹖鸟,以勉励武将英勇奋战。守卫宫殿的卫士则戴着"却敌冠"或者"樊哙冠",前者有打退敌人的含义,后者则希望卫士能像樊哙一样勇敢忠诚。

汉代的司马相如在《上林赋》中这样描写武士形象:"蒙鹖苏,绔白虎",就是指武士们带着鹖鸟的羽毛,披着动物的皮毛,十分英勇。

张衡的《东京赋》则描写了帝王在郊外祭祀时,武士们在仪仗队中的装束:"髶髦被绣,虎夫戴鹖,驸承华之蒲梢,飞流苏之骚杀。总轻武于后陈,奏严鼓之嘈杂。戎士介而扬挥,戴金钲而建黄钺。"意思是武士们戴着鹖冠,衣服上有花纹。有的武士还穿着铠甲,徽章在肩上闪耀,有人拿着金钲,有人举着斧钺,场面宏大威武。

世界上最轻的衣服

丝履、绢袜、乌纱帽制作精美，但更让人叹为观止的是，湖南博物院的镇院之宝之一"素纱襌衣"。它出土于马王堆一号辛追墓，是迄今所发现最早、最薄、最轻的服装珍宝，也是西汉时期丝织技术的巅峰之作，代表了汉初养蚕、缫丝、织造工艺的最高水平。

人们用"薄如蝉翼，轻若云雾"来形容这件素纱襌衣。听到这样的形容词，你有没有一丝担心，生怕一不

养蚕、缫丝、纺织、染色

第二章 辛追夫人的贵妇生活

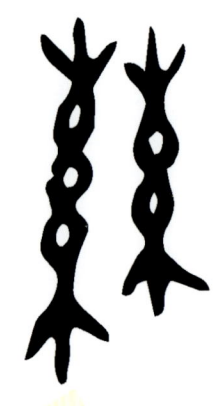

甲骨文的"丝"字

小心把它弄破了？这件世界上最轻薄的素纱襌衣，重量只有49克。

这样的衣服怎么穿呢？《诗经·郑风·丰》上说："衣锦衣，裳锦裳。"这里所说的"衣"，据考证就是这种没有里子的单衣。多数专家认为，当时的贵族会在华丽鲜艳的衣服之外，套上这件素纱襌衣，以呈现出朦朦胧胧的美感，而鲜艳的图案也会在素纱襌衣之下若隐若现，非常灵动。

我们国家是世界上最早养蚕、缫丝、织绸的国家，有"丝国"的美誉，丝绸的历史达5000年之久。甲骨文出现在商代，是中国最古老的文字，距离现在3600多年，而在3600多年之前就有了"丝"字。它的形状是六个圈圈，串成两串，这是什么由来呢？在距今五六千年前的仰韶文化中就有了养蚕制丝，古人把蚕茧放在热水里，茧会变软，丝就可以剥落，这就是"抽丝剥茧"。一根完整的丝，有3公里那么长，要缠绕在棍子上，甲骨文的"丝"字就定格在这个瞬间，古人把这个场景作为符号，就有了"丝"字。1926年，在山西省夏县西阴村新石器时代遗址中发现了茧壳，浙江省吴兴县钱山漾新石器时代遗址距今4700多年，在这里也发现了绢片、丝绒和丝带。

西汉初年，丝绸是贵族的衣料，西汉散文家桓宽所撰写的史书《盐铁论》中有"古者庶人耄老而后衣丝，其余则仅麻枲，故曰布衣"，意思是普通老百姓只有到了七八十岁，才可以穿丝绸制品的衣物，其余平民只能穿布匹衣服，所以平民也被称为"布衣"。

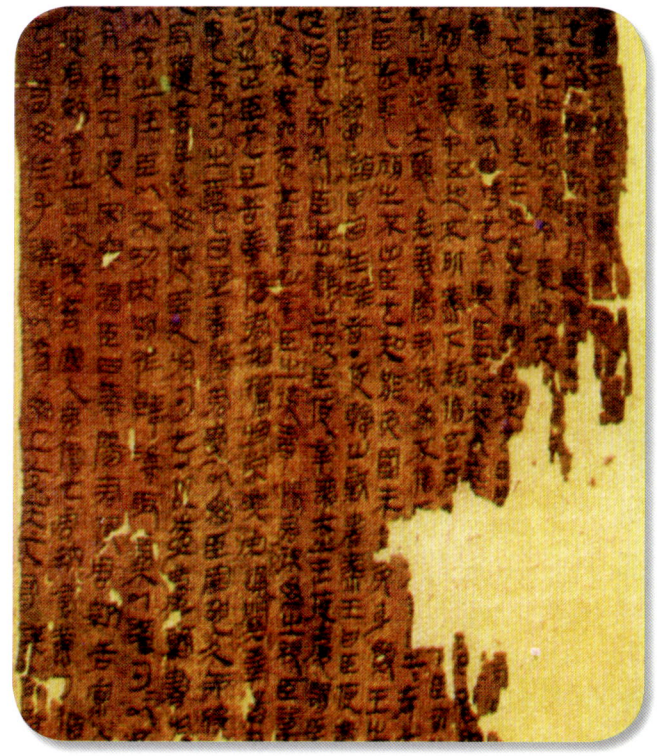

帛书《战国纵横家书》,马王堆出土

可以当货币来用的丝绸

丝绸不仅仅是衣料,它在古时还和钱币一样,是可以买东西的货币,衙门会用丝绸来发工资,军队也会用丝绸当作军饷发给士兵们。后来丝绸发展为全球化的货币,在中亚地区、地中海地区的考古发现里,也有用丝绸来充当货币支付的记录。

西汉的丝绸是世界闻名的工艺品,古埃及、古罗马都把中国的丝绸视为珍品,12两黄金才能买到1磅丝绸。西方国家非常迷恋丝绸的华丽外表和神秘的制作工艺,因此丝绸也是商人们最愿意带到五湖四海的商品,丝国之称享誉世界。

丝绸还可以作为纸张来使用，人们在丝织的帛上写字、记录历史，这就是帛书。人们也会在丝帛上绘图、绘画，于是有了帛画。但由于丝织品是蛋白质组成的动物纤维，极易腐朽，不易保存，所以对古代丝绸制造业更多的了解是来自文献，能见到的实物非常少，而马王堆出土的素纱单衣，完美地呈现了2200年前的丝绸织造业的水平。

无法超越的西汉丝织工艺

历史悠久的丝绸工艺经过不断发展，到了汉代已经达到了非常高的水平，从养蚕、缫丝、纺织、染色、刺绣工艺到花纹的设计都有了极大的改进和提高。

马王堆汉墓一共出土了500多件精美的丝织衣物，有朱罗丝锦袍、素纱襌衣、素绢丝绵袍、绛绢裙、素绢裙、绣花丝绵袍、罗地素缘绣花袍、印花敷彩纱丝绵袍、朱红菱形纹罗丝绵袍等十余种，有绢、罗、纱、锦、绮等，花纹的技术也分织、绣、绘等不同工艺，色彩繁多，美不胜收。

染色工艺是使衣物锦上添花的重要一步，汉代设有专门染色的机构，根据《三黄》中记载："未央宫有暴室，主掖庭织作染练之署也。"暴室，也被称为"簿室"，是皇宫掖庭内主要织作染练的地方，也就是染坊的别称。暴，是暴晒的意思，为染品晒干的步骤之一。

在汉代，衣物就已经有了绛紫色、宝蓝色、油绿色、浅橙色、湖蓝色、杏黄色等色彩，人们常常用"五光十色"来形容色彩丰富，但用来形容马王堆汉墓出土的丝织品，"十色"是远远不止的。马王堆丝绸的色彩

马王堆汉墓出土的西汉直裾素纱襌衣

有 30 多种，且直到今天依然鲜艳亮丽，可见汉代的染色技术的登峰造极。

汉代丝织高超的水平，即使是科技发达的今天依然无法企及，正如那句"一直被模仿，从未被超越"。在 20 世纪 80 年代，湖南博物院曾委托南京云锦研究所复制素纱襌衣。这可是一件高难度的事情，由于蚕经过了千年的进化，现代的蚕吐出来的丝明显变粗，变重，无法和西汉时期的蚕丝一样。专家经过多方面的研究和努力，重新培养蚕，再精挑细选丝，用了整整 13 年的时间，也没有复制成功。直到 2019 年，南京云锦研究所通过科技攻关，经过最好的工艺师的精细制作，最终制作出来的复制品和原物重相差无几。可见 2200 年前的丝织工艺水平是多么高超，也让人惊叹西汉时期的纺织工人的心灵手巧，以至于能制作出这样的惊世之作。

素纱襌衣是我国第一批禁止出国展出的文物之一，想要亲看到这件衣服，就得到湖南博物院。

这样的梳妆台可以来个同款

对镜子梳妆

现代人的化妆品可谓名目繁多：有粉底液、散粉、腮红、眼影、口红等等，令人眼花缭乱。现代人的梳妆台更是样式百出，各种款式、颜色、材质，只有想不到的，没有找不到的。其实早在汉代，人们日常用的化妆品品类就很多了，不仅有女士的梳妆用品，也有男子梳妆用品。

马王堆三座墓葬一共出土了七套梳妆用具，数量多，品种齐全，而且保存非常完好。一号墓中有梳妆奁两件——双层九子彩绘漆妆奁、五子彩绘漆妆奁。其中双层九子彩绘漆妆奁最为精美。奁是收纳盒，常常用来放梳妆用品，叫做"妆奁"。妆奁可以制作成双层，里面还分成小盒子，分类放置物品。这件彩绘双层漆奁分上下两层，出土时上层放置了手套三双、丝绵絮巾、组带、绢地长寿绣镜衣；下层是9个凹槽，里面放了9个小奁，分别装着胭脂、丝绵粉扑、梳、篦、针衣等物品。

妆奁上层放置的丝绵絮巾是古代的一种头巾。组带是丝织的带子，可以系在服饰上。绢地长寿绣镜衣是丝织的长寿绣花纹的镜子套。妆奁下层的丝绵粉扑也是丝绸质地，用来扑粉施朱。

二号墓只出土了玳瑁梳和篦。因为二号利苍墓曾被盗墓，文物流失，并且盗洞导致墓葬破坏，密封和防水都受到不同程度的破坏，所以出土的文物有限。三座墓葬中都出土了梳和篦，数量较多，质地有牛角的，也有木制的，形状为马蹄形。梳和篦统称为"栉"，是古代男女蓄发的必备用品。梳子和篦子的功能不同，梳子用于梳湿发，而篦子用于梳理干发。

三号墓中出土了四套梳妆用品，双层油彩漆妆奁和铜镜、双层六子锥画漆妆奁、锥画狩猎纹漆妆奁、双层长方形油彩漆妆奁，还有漆纚纱冠。

玳瑁篦

小小的针衣，大大的用处

马王堆一号墓中发现的双层九子彩绘漆妆奁中的针衣，相当于现代的针线包。1975年在湖北荆州凤凰山发现的遂夫人汉墓中也发现了针衣，上面还插着一枚钢针，是迄今为止发现最早的钢针，钢针的最大直径只有0.05厘米。为什么在汉代墓葬的女性随葬品中会有针衣呢？

男耕女织是古代社会的男女劳动分工，纺织、刺绣、缝纫统称为"女红"。"女红"这个词最早出现在西汉，很多文献资料中都有记载。西汉皇族淮南王刘安及其门客共同编撰的文学作品《淮南子·齐俗训》中有："锦绣篡组，害女工者也。"这句话的意思是过度追求丝织物品的锦绣多彩，会伤害女工。说明女红在当时受到的关

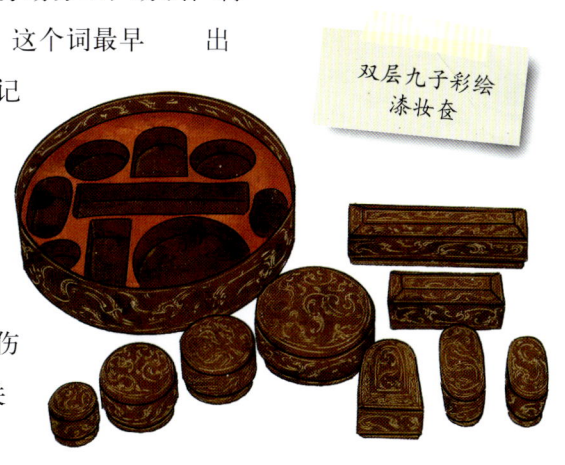

双层九子彩绘漆妆奁

注度还是挺高的,发展较为成熟。

在古代,女红是"妇德、妇言、妇容、妇功"四行之一。《周礼·天官·九嫔》中有:"掌妇学之法,以教御妇德、妇言、妇容、妇功。"郑玄注:"妇德谓贞顺,妇言为辞令,妇容为婉娩,妇功为丝枲。""妇功为丝枲"就是指做女红。

汉代女子做女红

平民女子做女红是为了生计,女红是满足衣食住行等生活需求的必需条件,也是能够增加家庭收入的一种技能,作为女儿要从小学习女红,作为妻子要以女红持家,作为母亲要传授女孩子女红技艺,女红贯穿了女性的一生。但在王公贵族的家庭,女红是作为女孩子修身养性的功课,通过女红来修养妇德、妇仪。做女红也是贵族女子的一种社交活动,以此展现自己的技能与审美。

汉代的"美妆博主"

在汉代流行什么样的妆容呢?我们来听听当时的"美妆博主"是怎么说的。

西汉著名才女班婕妤有一篇名为《捣素赋》的汉赋,文中写道:"调铅无以玉其貌,凝朱不能异其唇;胜云霞之迩日,似桃李之向春。红黛相媚,绮徂流光,笑笑移妍,步步生芳。两靥如点,双眉如张。颊肌柔液,音性闲良"。不擦香粉依然貌如美玉,不抹口红照样嘴唇鲜艳;化妆胜过旭日旁边的五彩云霞,又好似明媚阳光下迎春的桃李之花。红唇和黑眉相互生媚,丝织的腰带溢彩流光。一串串笑声传送着美妙的声音,一行行莲步飘洒出宜人的芳香。两个酒窝好似精心点就,一双蛾眉自如地上下伸展。滑润的肌肤流下晶莹的汗珠,音容和性情都娴雅优良。

汉代美女的标准就是"纤瘦而肤白"。成语"环肥燕瘦"中的"燕",指的就是汉成帝的妃子赵飞燕。她凭借优美的舞姿赢得皇帝的喜爱,纤瘦的身材也成了当时的审美标准,引领了当时的减肥热潮。女子都以瘦为美,纷纷节食减肥,纤纤细腰一度成为汉代女子的审美中的最高标准。

汉代女子以白为美,所以底妆很重要,调铅的"铅"叫"铅粉",又称"铅华"或"胡粉",相当于现在的粉底。"凝朱"的"凝"为凝固、凝结的意思,"脂"是凝固的状态,所以古代的口红也被称作"口脂"。"红黛"指红唇黑眉,"黛"又称"石黛"或"黛石",是石墨制成的"画眉石",也就是我们现代的眉笔。《捣素赋》蕴藏了这么多与美妆相关的信息,刻画了当时宫廷女子的妆容。

胭脂起源于汉代,是由匈奴传入中原的,胭脂以红蓝花为原料制成,也可加入朱砂、石榴花、落葵、紫草、紫茉莉、玫瑰等,制作成粉状和块状两种形态。粉状胭脂一般是将花叶碾碎成粉末,用刷子刷在脸颊上;块状胭脂则是在粉状胭脂的基础上又加入了油脂,调和成膏状,用手直接抹在脸上。

汉代女子非常喜爱胭脂,在当时最流行的妆容叫"红妆",文人墨客的诗句中都有所体现。"谁堪览明镜,持许照红妆";"阿姊闻妹来,当户理红妆";"红妆束素腰"、"青娥红粉妆"……都是对汉代女子作红妆的描述。

先秦时期,女子多以弯曲的蛾眉为美,那么到了汉代,位居眉形流行榜榜首的会是哪款眉毛呢?司马相如的汉赋《上林赋》给出答案:"长眉连娟,微睇绵藐。""长

汉代女性妆容

丝绵粉扑，
马王堆一号墓出土

眉连娟"的形象在西汉早期出土的女性俑中颇为常见，这款眉形几乎坐稳了整个西汉时期最流行眉形榜首，后来深受欢迎的"远山眉"细长而舒扬，颜色略淡，看起来十分清秀，就是它的改良版。

描眉画眼之后，接下来的就是唇部妆容。在西汉初期，女子都喜欢樱桃小口，"柳叶眉，樱桃口"这样的组合深入人心，所以西汉的唇妆是用口脂在嘴唇中间部分涂红，嘴角则用粉底遮白，这样能让嘴巴就显得小巧精致，这种唇妆叫"点唇"。而口红色号有朱红、正红、石榴红等，琳琅满目，汉代女子也会为了选口红色号而纠结吧！？

假发在汉代很盛行，尤其在贵族群体之中，由于他们为求长生不老，长期服用丹药，摄入了大量的汞和铅，这是会导致脱发的。辛追夫人也是假发的"忠粉"。

在乐府诗《陌上桑》中也可以看到汉代女子流行的装束："头上倭堕髻，耳中明月珠。缃绮为下裙，紫绮为上襦。"意思是头上梳着堕马髻，耳朵上戴着珠宝做的耳环，浅黄色有花纹的丝绸做成下裙，紫色的绫子做成了上身的短袄。这些描述用现代语言来诠释，就是"低丸子头，珍珠耳环，浅紫色短卫衣，淡黄色真丝长裙"，即便是在现代，这样的着装打扮也是清秀靓丽的形象。

汉代女子画像

赵飞燕画像

我们都是木头人

在马王堆的随葬品中,数目惊人的木俑也是非常珍贵的存在。它们不仅让后人能够拼凑出西汉贵族家奴成群、出入前呼后拥的奢侈生活场面,也让我们能够更加直观地了解汉朝人的外貌长相、仪表服饰。

马王堆汉墓一共出土了木俑266件,其中一号辛追墓中出土162件,三号利豨墓中出土104件,是我国目前出土的西汉时期木俑最为丰富的墓葬。这些木俑高矮

着衣侍女俑

雕刻盘髻的高级侍俑

胖瘦各异,穿着打扮有别,连面部表情都不太一样,让人能清楚地分辨出它们的等级身份。

木俑中数量最多的是侍俑。侍俑有高级、低级之分,高级侍俑是主人的贴身奴婢和随从,如墓中出土的T形帛画中墓主人身后衣着华美的随从奴婢。

马王堆一号汉墓出土了高级女侍俑10件,她们身材高大,身着绢地信期绣长袍或描银彩绘云纹纱长袍,都以菱形纹锦镶边。高级侍俑的发型有两种,一种木雕垂髻,竹钉钉于脑后。垂髻下面再挽着30厘米长的青丝假发,直垂至下,这种发式可能就是汉代的"分髾髻";还有一种发型是雕刻盘髻,就是头髻至脑后挽回,总成一束,平展盘旋于头顶,雕刻细致。木俑面部用墨绘眉目,朱绘双唇,神情娴静。

"雕衣女侍俑"眉目细长,唇色红润,衣着是雕刻

低级彩绘侍从木俑

冠人俑

而成的，款式较为特殊，衣服的搭配是当时非常时尚的款式，这种木俑是当时身份地位较高的侍女形象。

"冠人俑"体型高大，头戴长冠，身穿丝绸长袍，鞋底刻有"冠人"二字。"冠人"也称"倌人"，是众奴仆之长，也是墓主人的贴身侍从。按照汉代服饰制度，只有地位高的人才能戴长冠。冠人俑身边还有59个仆人俑，很明显，这位"冠人"就是当时轪侯家的大管家。

与高级侍女俑有鲜明差别的是低级侍从俑，这部分彩绘木俑，形态矮小，造型重复，面部表情愁眉苦脸。他们就是当时地位较低的奴婢，称之为"僮"。这些奴婢主要从事体力劳动，除日常的做饭、洗衣、清扫等家务劳动，还有的负责耕种粮食蔬菜和饲养牲畜。这些"僮"的地位低下，《史记·货殖列传》中有把他们等同于牛、马、牲口进行买卖的记录，所以这些侍俑的神情都是苦难和悲伤的。

奴婢不仅仅要照顾主人生活起居，还要给主人表演歌舞，供主人娱乐。在汉代的贵族府邸中，都会豢养专门的"歌舞团"，平时进行歌舞的创作、排练，为主人表演。当主人大宴宾客时，还要作为主人的"颜面"，吹拉弹唱舞，在主人宴请聚会时助兴。

马王堆一号辛追墓中有23个歌舞奏乐俑，其中鼓瑟、吹竽的管弦乐队席地而坐，引吭高歌的歌舞俑亭亭玉立地站立着，仿佛在为主人的宴会歌舞助兴。

三号利豨墓中也出土了一组由22个俑组成的"歌

舞团",有演奏乐器的,还有翩翩起舞的,在一同出土的竹简上记载:"河间舞者四人,郑舞者四人,楚歌者四人,河间鼓瑟者一人,郑竽瑟吹者二人,楚竽瑟吹鼓者二人,建鼓者二人,击铙者一人,击铎者一人,击磬者一人。"

"河间""郑"是地名,当时很多高水平的舞蹈演员都出自这两地。《史记·货殖列传》记载:"今夫赵女郑姬,设形容,揳鸣琴,揄长袂,蹑利屣,目挑心招,出不远千里,不择老少者,奔富厚也。"意思是,郑、赵两地的姑娘,讲究化妆,弹着鸣琴,穿着尖头的舞鞋,跳起长袖舞蹈,用眼挑逗,用心招引,不辞劳苦,外出千里,招徕顾客,不论是年老年少,这都是为了赚钱啊。

"楚歌"是在汉初风靡全国的流行歌曲,因为开国皇帝刘邦和主要功臣萧何、曹参、樊哙、夏侯婴等都是

宴会上的歌舞表演

第二章 辛追夫人的贵妇生活

着衣歌俑

楚人，所以楚歌就成了当时的主旋律。《汉书·礼乐志》中："高祖乐楚声，故《房中乐》楚声也。"汉高祖刘邦所创作的《大风歌》是千古名作，其曲调就来源于他家乡的楚声。

着衣歌俑脸颊圆润，高鼻梁，细眼眉长，施朱敷粉，浅浅的笑容，温婉动人，双唇微张，仿佛正在轻声低吟。1995年，马王堆汉墓文物赴荷兰首都阿姆斯特丹展出时，这件面带微笑的歌俑引起极大的轰动，荷兰人给了她"东方维纳斯"的美称。

残忍的人殉制度

俑是代替活人殉葬的偶人，有木制的，也有陶制的。在俑出现之前，皇室贵族用活人殉葬，典籍多有记载。《左传·成公二年》说："宋文公卒，始厚葬，用蜃炭，益车马，始用殉。"意思是宋文公去世开始厚葬，用很多蜃炭、很多车马来做陪葬品，也开始用活人殉葬。但更多的考古发掘的事实让世人看到，宋文公"始用殉"的记载并不可靠，这种恶习早在原始社会末期的龙山文化（公元前20世纪左右）和齐家文化（公元前17世纪左右）时期就已出现。考古发掘证实，夏商周三代及其之后的各个朝代大体可以看出古代中国殉葬制度的一个轮廓。秦始皇时期人殉制度达到了顶峰，秦始皇死后，秦二世实行了中国历史上最大规模的活人殉葬，建造陵墓的工人、后宫的嫔妃全都陪葬。

直到汉朝初立，统治者认为人殉制度太残忍，废除

汉文帝霸陵陪葬的陶人俑

了人殉制度。在汉朝的丧葬文化里,"事死如事生",意思是对待死亡应该和对待生命一样认真。他们认为人死后可以继续生前的待遇,所以在陪葬品中将亡者生前的生活场景,做一个微型的复原,这样人在身死后依然延续着生前的荣华富贵。木俑的数量、规格也是依据墓主人生前的规格来安排的,所以马王堆汉墓中奴仆成群、等级明确,随葬后继续伺候软侯一大家子。

第三章

娱乐娱乐，生活更美好

尽管史书对辛追夫人没有详细记载,可是她的"私人物品"却展现出了一个爱美,爱吃,爱玩,爱歌舞的"文艺青年"的形象。如果穿越到西汉去轪侯家做客,丰盛的美食、甜美的瓜果、精美的餐具,美酒歌舞,一应俱全,甚至还能品尝到天鹅肉。让我们一起走进"轪侯家"的人间烟火。

琴瑟和鸣一段，可好？

竽

若不是有出土文物佐证，后人都很难想象得到2000多年前的贵族生活是什么样的。在马王堆三号墓出土的帛画《车马仪仗图》中就有乐人击磬迎接主人的场景，还有一号墓、三号墓出土的乐俑、歌舞俑，以及多种乐器，都向后人展示了一个喜爱歌舞的轪侯家的形象。

载歌载舞当然少不了奏乐。在马王堆一号辛追墓中就出土了一个"小型乐队"，这支乐队共有五人，其中两个木俑是吹奏竽，另外三个是弹奏瑟的乐手。他们席地而坐，仿佛正在为歌舞俑伴奏。鼓瑟俑把瑟横在膝前，双手向前平伸，手心向下抚摸瑟，大拇指屈向掌心，食指内勾，其余三个指头微屈，两手食指同时作抹弦的姿势。

奏乐俑

一号墓和三号墓一共出土了14种乐器，有45件之多。其中三号墓出土了竽、瑟、黑漆琴各一件、两件竹笛，均为实物，还有筑、钟、磬等21件明器。

竽就是滥竽充数成语典故中的"竽"。春秋到秦汉时期，竽是各种乐器的首领，被称为"五声之长"，是宫廷乐团中必不可少的乐器。尽管史料中对它有不少记载，但却没有实物。马王堆汉墓出土的两件竽，特别是三号利豨墓中的竽是真器，并非明器，这才让现代人真正见到了竽的真容。

那么，瑟又为何物？

我们在参加婚礼的时候，总是会送上祝福语："祝你们琴瑟和谐"。琴和瑟是两件不同的乐器。琴就是古琴，而瑟是一个更为古老的弹拨乐器，起源于西周时期，又称锦瑟。春秋战国时鼓瑟吹竽风行一时，秦朝也极为盛行，直到西汉还很流行。汉代刘歆所著《西京杂记》中记载："高帝戚夫人善鼓瑟击筑。帝常拥夫人，依瑟而弦歌。"但是汉代的瑟和唐代诗人李商隐的五十弦锦瑟是一样的吗？直到马王堆一号墓出土了一架二十五弦的瑟，我们才知道，原来瑟并不只有五十弦这一款。只是两款瑟是并进关系呢，还是递进关系，就不得而知了。

马王堆出土的瑟长116厘米、宽39.5厘米，瑟身下面底板两端有两个共鸣窗，叫做"首越"和"尾越"。瑟面有首岳，尾端有外、中、内三条尾岳，作用是绷弦。二十五根弦是用四股素丝搓成的，分别系在尾端的木柄上。这件瑟保存完好,部件齐全,是我国现存最完整的古瑟,为我国研究古代音乐也提供了非常可贵的实物资料。

《诗经》中有"妻子好合,如鼓琴瑟"之说,因此后来人们常用琴瑟来比喻夫妻间的和睦恩爱,就像琴与瑟的合奏,可以演奏出最美妙的音乐,这就是"琴瑟和鸣"的寓意。

瑟不仅可以演奏美妙的音乐,也可以演奏悲凉的乐曲,古代有一个"湘灵鼓瑟"的故事。湘灵就是湘妃,传说她是尧的女儿,嫁给了舜为妻。舜到南方来巡视,突然病死于苍梧,湘妃为此十分悲恸,垂泪鼓瑟,来寄托自己的哀思。

神秘的乐器

三号利豨墓中还出土了一件神秘的黑漆乐器,像一个长方形木棒,首部缠绕琴弦,尾部细长,首尾两端各

燕国太子送别荆轲

嵌一排竹钉，挂着五根弦，这是什么东西？在场的考古工作人员都有没有见过。后来经音乐学家根据史料查证，才得知这是失传已久的古代乐器——筑。

《史记》中记载的荆轲刺秦王，荆轲从燕国出发时，燕国太子携众大臣去易水边送行。燕国音乐家高渐离击筑，荆轲合着筑声而歌，曲调凄凉悲壮，送行的人纷纷落泪。荆轲唱道："风萧萧兮易水寒，壮士一去兮不复还！"

筑在战国时期非常流行，击筑成为当时民间八大游乐之一。到了汉代，人们对筑的喜爱有增无减。汉高祖刘邦统兵在淮北战场击败劲敌英布后，回到故乡的酒会上，亲自击筑高歌："大风起兮云飞扬，威加海内兮归故乡，安得猛士兮守四方！"筑的音色和音域演奏起来慷慨激昂、悲壮苍凉，常常用来鼓舞士气，振奋军威。

令人遗憾的是，这么著名的乐器却失传了。马王堆汉墓的出土，是我国首次发现的筑的珍贵实物。

叩盆拊瓴，相和而歌

爱文艺的汉代人

西汉的文明之光照耀了世界。汉帝国的经济富庶，农业发达，百姓丰衣足食，良好的经济状况，也带来了丰富的文化生活，也带来了文学艺术的繁荣，诞生了汉赋和乐府诗。这是继先秦的诸子散文之后开创的新的文学体裁，代表作有《上林赋》《子赋》等。汉赋的兴起和发展，也代表了汉朝的文化教育更加普及，人们在受到良好教育的同时，也培养了有才华的文人。

在《淮南子·精神训》中记载："叩盆拊瓴，相和而歌。"瓴，是当时的一种装水的瓶子，百姓会用盆、瓴

汉代百戏

作为乐器，敲打节奏，来一起唱歌。

汉乐府是政府设置的音乐机构，职能是组织文人创作，搜集民间的诗歌，编排成乐府诗，带给百姓"文化盛宴"。汉乐府是继《诗经》之后的又一次民歌大汇集，在文学史上有极高的地位，可以与《诗经》《楚辞》鼎足而立，其中《孔雀东南飞》和《木兰诗》被誉为"乐府双璧"。

李延年是著名的汉代宫廷音乐家，任协律都尉，相当于现在的文旅部部长，他也是汉武帝宠妃李夫人的哥哥，兄妹俩都能歌善舞。李延年负责管理皇宫的乐器，这对后世音律作词有着深远的影响。他的《佳人曲》对五言诗起着一个开端的作用，"北方有佳人，绝世而独立，一顾倾人城，再顾倾人国……"李延年的作曲水平相当高，还为司马相如的诗词配曲。他还根据《摩诃兜勒》这首曲子创作了28首军乐，是汉代最早的军乐。他也曾为汉武帝作《郊祀歌》19首，专门用于皇家祭祀乐舞。

李延年对汉代音乐有着巨大的贡献，也对我国后来音乐发展影响深远。

汉代"春晚"什么样？

除夕、元旦、元宵节等中国传统的节日都起源于汉代。在这样的节日里，宫廷要举行"百戏"表演。《后汉书·礼仪志》记载："每岁首正月，为大朝受贺……百官受赐宴享，大作乐。"蔡质《汉仪》中："正月旦，天子幸德阳殿，临轩……宗室诸刘亲会，万人以上，立西面。位既定，上寿……作九宾散乐。"这里的"大作乐"和"九宾散乐"就是指"百戏"表演。

百戏产生于汉代，是民间文艺的泛称。《汉文帝纂要》载："百戏起于秦汉曼衍之戏，技后乃有高絙、吞刀、履火、寻橦等也。"百戏起源于先秦时期，主要以杂技为主，有高空走竹竿、吞刀子、踩火炭等杂耍，也有人扮演各种动物来舞蹈，演奏乐器等。汉代的中外交流频繁，也将百戏带到了外国，中国杂技在西汉就已经登上国际舞台。

汉代鼓上舞

汉代百戏的表演内容丰富多彩，演出规模可大可小，有杂技、武术、幻术，还有乐队演奏，模拟鸟兽的舞蹈。

乐舞种类有长袖舞、盘鼓舞、巾舞、刀舞、剑舞、巴渝舞、拂舞。《西京赋》中记载："华岳峨峨，冈峦参差，神木灵草，朱实离离。总会仙倡，戏豹舞罴。白虎鼓瑟，苍龙吹篪。女娥坐而长歌，声清畅而委蛇。洪崖立而指麾，被毛羽之襳襹……"意思是一组音乐舞蹈节目，有人扮成豹、熊跳舞，有人扮成白虎弹奏鼓瑟，有人扮成龙的角色吹笛子，女子席地而坐，歌声清脆委婉，还有人穿着羽毛的衣服，指挥着整场演出……由此可见，这场汉代音乐剧非常精彩、引人入胜，也看得出人与自

汉代乐舞表演

然、人与动物的和谐生态。

百戏之后，该乐舞上场了。《舞赋》中有描写道："日亦既昃，美人兴而将舞，乃修容而改服，袭罗縠而杂错，申绸缪以自饰……展清声而长歌……裾似飞燕，袖如回雪……同服骈奏，合体齐声。进退无差，若影追形。"意思是说，盘鼓整齐地排列着，美丽的女子舞者身着轻薄的纱裙华服，高举长袖掩面而舞，她们的歌声悠扬而动听，那折腰的舞姿更显得舞者纤细柔软的腰肢楚楚动人、婉约多姿。

汉代的歌唱艺术也非常发达，表演形式多样化，演出的场合众多，汉代的郊祀、出行践行、宴请、丧葬都有专用的歌曲。司马相如的《上林赋》中就有"千人唱，万人和"。可见，在汉代，一台"春晚"的节目是相当丰富的，从宫廷到民间，处处歌舞升平。

谁说漆具不值钱？

漆器是中国古代工艺美术史上的重要发明。漆器的历史颇为悠久，最早可以追溯到距今 7000 余年的新石器时代。1978 年在河姆渡遗址中出土的漆木碗，是目前世界上最早的漆器。

马王堆汉墓共出土了 700 多件漆器，数量之多在考古界中极为罕见的，有鼎、钫、锺、盘、盒、匕、卮、勺、耳杯、具杯盒、盂、食案、食奁等餐具，屏风、几等家具，博具，琴、瑟、竽等娱乐用品，奁、笥等梳妆用品，盆、沐盘等洗浴用具，弓、箭、矢、兵器架、剑、弩、戈、矛等兵器明器。除此之外，还有大型葬具漆棺。

> 马王堆辛追墓出土漆鼎七件，符合"诸侯七鼎"的规制。

"君幸酒"云纹漆卮

漆器表面的漆液最初是用于防腐和防锈,后来随着社会进步的发展,逐渐有了绘画和髹饰纹样,还开创了新的工艺技法,如多彩、针刻、铜扣、贴金片、玳瑁片、镶嵌、堆漆等多种装饰手法。汉代漆器很注重实用功能,通过将造型、装饰二者相结合来对漆器进行完善和美化,成为审美高级的日用器皿。

漆器工艺发展到汉代,进入了鼎盛时期。汉代文献中有大量关于漆器繁荣的文字记载。《史记·货殖列传》记载的"木器髹者千枚"、"漆千斗"、"陈、夏千亩漆"等反映了全国各地公、私漆器作坊星罗棋布,说明在汉代漆器的需求非常之大。西汉扬雄在《蜀都赋》中记载"雕镂铅器,百伎千工",这是指漆器制造工艺复杂、规模宏大。

马王堆汉墓出土的漆器中印产地烙印、铭文的漆器有100多件,因为是在素胎上先烙印后髹漆,所以字迹比较模糊,有"成市草""中乡饱""成市饱"等字样,"成"指的是成都,"草"在汉代通字"造","饱"的意思是涂漆,说明这部分漆器是由成都官府作坊制造。当时的蜀郡成都和广汉都是汉代著名的官府漆器产地。

《盐铁论》记载"养生送终之具也",意思是说当时的人们不仅生前大量使用漆器,死后还用漆器陪葬,以便在另一个世界里继续享用。马王堆汉墓中大量漆器的出土,正是此言最好的注解。

云纹漆匕

马王堆出土的漆器制胎工艺种类很多，有木胎、夹纻胎、竹胎、陶胎等。木胎就是在木头上髹漆，木胎又分挖木制、卷木制、研木制、旋木制，分别用不同工序将木胎制成不同造型。夹纻胎是用麻布、漆灰按照模具层层黏合，之后再脱模成型。

工艺方面，马王堆出土漆器的装饰方法多种多样。外髹，将漆涂在器具表面；彩绘，用毛笔将多种颜色描画在器具表面；锥画，用金属锥在未干透的漆膜上镌刻各种花纹；还有镶嵌工艺、堆饰工艺等。漆器多以黑色为底，以红、绿、赭色作画，色彩对比十分强烈。马王堆出土的漆器大部分都饰有花纹、几何纹、龙凤纹、花草纹、云鸟纹……仅云纹就有十几种不同的变化。

凤纹漆盒（马王堆三号墓出土）

不仅有花纹，马王堆汉墓的大部分漆器还写有文字，主要用于标记器物的用途、容量和物主。物主毫无疑问是轪侯家，"君幸食""君幸酒"标明的则是用途，"石""斗""升"标注的是容量。

这些艺术形式具有审美印记和时代特性。看着这些漆器上的纹饰，就可以感受到千年之前的工匠们是多么的心灵手巧。

漆器不仅具有美观与实用的功能，还有投资价值。汉代制造的漆器主要供给贵族和富裕之家享用，所以制造工艺特别讲究。一件漆器的制成，要经过十到二十余道工序，其制造工艺之复杂、费工之多，是其他器物所不能相比的。西汉桓宽的《盐铁论·散不足》记载："一杯棬用百人之力，一屏风就万人之功。"意思是做一个杯子，需要一百个工人来完成，制作一个屏风，需要一万个工人来完成。漆器的价钱比铜器高十倍，一个绘有花纹的漆耳杯的价值，抵得上 10 个铜耳杯的价钱。当时的漆器可谓"软黄金"，还有收藏价值。马王堆汉墓共出土了 700 多件漆器，这些可是价值连城的财产。

马王堆一号墓出土的云纹漆具杯盒是存放酒杯器具的容器，出土时光泽如新。器具以黑褐色漆为底，以朱、黑二色绘云纹、漩涡纹和几何图案。上下口沿书"轪侯家"。盒内装有小耳杯七个，六个顺叠，一个反扣，设计巧妙，非常可爱。耳杯内以红底黑字书"君幸酒"三字。

马王堆汉墓展出的"君幸食"狸猫纹漆食盘

"君幸食"狸猫纹漆食盘是辛追夫人盛放食物的盘子。盘子中间的花纹是一群形态各异的小狸猫，灵动可爱，同时有保护粮食不被鼠害的寓意。原来辛追夫人也是"猫奴"啊！在吃饭时，看着这些可爱的小猫咪，是不是心情更加愉悦？食盘中间的"君幸食"字样，用现代语言翻译，就是"好好干饭"；"君幸酒"，就是开怀畅饮。看来，汉朝人也喜欢祝大家"吃好喝好"。

古代的"食堂餐盘"

分餐制在中国有着悠久的历史。原始社会时期，食

云纹漆具杯盒

汉代人席地而坐、分餐而食

物按照规定按份供给,最早的分餐制源于食物少以及按劳分配。到了先秦时期,分餐制关乎礼仪,儒家提出"夫礼之初,始诸饮食"。长幼尊卑的观念,对饮食礼仪有着深远的影响。先秦时期没有桌椅板凳,人们吃饭时分别坐在自己的席上。"席"就是铺在地上的铺席,"席地而坐",一人一席,面前摆放矮脚台,置放一些餐具和食物,一人一份餐食,各吃各的。在当时的分封制度下,等级制度十分明确,人们的衣食住行都严格遵从礼仪,吃什么、吃多少都有着严格的规定,所以分量和种类都是有标准的。

汉代依然沿用了"分餐而食"的方式。身份等级不同,享用的食物品种和数量也就随之不同。这也是古人实行分餐制的目的之一,通过分餐强调人在社会阶层中地位的高低尊卑,来维系统治阶级纲常清晰的社会结构。比如,长辈和晚辈一起吃饭的时候,六十岁、七十岁、八十岁老人的份量和种类都不同。等级不一样,吃的食物和使用的餐饮器皿也不一样,等级越低,所用餐

辛追夫人的餐食

饮器具的数量就越少,饮食就越简单。

马王堆一号辛追墓出土的云纹漆案上的食具,是不是像极了我们今天的食堂餐盘?云纹漆案上放置了5个装食物的漆盘,两个漆卮、一个漆耳杯、肉串用的竹签和一双竹筷。

也许,当年的辛追夫人的每一餐都是主食副食搭配的,有肉有菜,有汤有酒,还有烤肉串。今天的我们也应该学习一下古人的"分餐制",科学配比的进食方式,美味丰富,又营养均衡,还不会因为过量摄入而发胖,是保持身材的好方法。

水果连连看

品尝完美味佳肴，酒足饭饱后，该来点水果啦！在马王堆一号辛追墓和三号利豨墓中都出土了甜瓜、枣、梨、橘、杨梅、柚、菱角、荸荠、栗等鲜果标本，出土时已经发黑，但还是可以分辨出种类。轪侯家的水果品种如此丰富，那么西汉时期都有哪些水果呢？

西汉文学家司马相如的《上林赋》里这样写道："于是乎卢橘夏熟，黄甘橙楱，枇杷橪柿，亭柰厚朴，梬枣杨梅，樱桃蒲陶，隐夫薁棣，荅沓离支，罗乎后宫，列乎北园……"

卢橘是橘子的一种；黄甘是黄柑；楱是一种小橘子；橪是酸枣；梬是山梨；柰是苹果；厚朴是一种木的名字，味道很好吃，皮很厚，也可以作为药材；梬枣是一种类似柿子一样的小果子；蒲陶就是葡萄；郁棣是李，果实呈紫红色，味道酸甜……这样看来，汉代的水果真是种类不少。

甜瓜虽好，可不能贪吃哦

甜瓜和梅子在汉代的贵族饮食中是最重要的水果品种。甜瓜在我国栽培历史悠久，至少有3000年历史。除了马

云纹漆器果盘

进贡荔枝

王堆汉墓,在南昌发掘的汉代海昏侯墓葬中也发现了大量梅子和甜瓜籽。

海昏侯是西汉时期的分封爵位。南昌海昏侯墓是西汉的第一代海昏侯刘贺的墓穴。刘贺也被称为"汉废帝",在位时间仅仅27天,因其荒淫无度,被废除皇位而"下岗"。

除了在海昏侯的墓穴中发现梅子和甜瓜,在海昏侯的腹中也有未消化的甜瓜籽。巧合的是,在辛追夫人的食管、肠道和胃里,也发现了138粒半未消化的甜瓜籽,这都是他们生前"最后的晚餐"。那么,甜瓜到底是不是"凶手"呢?据专家考证,辛追夫人的死因很可能是食用了大量的甜瓜导致胆绞痛,引发冠心病去世。由此可见,甜瓜虽好,可不能贪吃。

马王堆汉墓还出土了数量较多的杨梅,它们是用竹笭子捆装的。据说刚出土的时候,杨梅色泽红润,就像刚下树的一样。

此外,马王堆三号汉墓中还发现了柿饼和柿核。柿子也是一种起源于华夏大地的古老水果,栽种历史已有近3000年。最初柿子并不是用来吃的,而是作为观赏树木栽植于宫殿的庭园里。马王堆汉墓里出土的柿饼和柿核,说明在汉代柿子已经开始被食用了。

喜欢荔枝的不止杨贵妃

"一骑红尘妃子笑",杨贵妃喜爱荔枝的故事众所周知。爱吃荔枝的可不只有杨贵妃。在汉代,荔枝就非常受欢迎。

荔枝自古生长在岭南地区，也就是现在的广东、广西一带。西汉时期，人们发现这种水果一旦离开树枝，就会"一日色变，二日香变，三日味变"，于是给它取名"离枝"，后来演变成"荔枝"。荔枝盛产于南方，而古代的都城大都在北方，所以运送荔枝到北方都城，在古代是一件很难的事情。

最早有文献可查的关于荔枝作为贡品的记录是南越国第一代王赵佗向汉高祖刘邦进贡荔枝，但这只是向大汉示好，并没有形成进贡荔枝的惯例。刘邦死后，其子继位。汉惠帝知道父亲生前喜爱荔枝，于是自他开始，汉朝皇帝都用贡品荔枝来祭拜汉高祖刘邦。到了汉武帝刘彻时期，他攻破南越国，索性把荔枝树带回了长安，还特地建造了一座"扶荔宫"，专门种植荔枝。但是因为荔枝树水土不服，无法结果，汉武帝无奈之下只得下令每年特供新鲜荔枝到长安。

荔枝进贡的历史持续了300年，直到汉和帝时期，一位官衔不高的小吏向皇帝上书进言：荔枝进贡劳民伤财，人马死伤无数。汉和帝接纳了他的意见，下令不再进贡荔枝。荔枝进贡的惯例这才暂停。

随丝路一道而来的水果

除了美味可口的本土水果，西汉也流入了外国的水果。

张骞是我国汉代杰出的外交家、旅行家、探险家，是丝绸之路的开拓者。他的故事被司马迁写进《史记·大宛列传》。

公元前139年，汉武帝派张骞率领100多名随行人员，由匈奴人甘父为向导，从长安出发前往西域大月氏。这个庞大的使者团一路上穿越祁连山，走过戈壁滩，一行人西行进入河西走廊时，碰上匈奴的骑兵，全部被抓获。此后张骞被扣留在匈奴长达十年之久。

公元前129年，张骞带领其随从逃出，一路经过楼兰国、大宛国，最后成功到达大月氏。但在他返回时又被匈奴兵抓获，扣留了一年。公元前126年，匈奴发生内乱，张骞和甘父趁机逃脱。他们跋山涉水，历尽千辛万苦终于回到长安。此时，原本一百多人的庞大的使者团只剩下张骞和甘父两个人。张骞始终不忘汉武帝的重托，忍辱负重十几年，最终完成了使命。张骞先后两次出使西域，打开了中国与中亚、西亚、南亚乃至通往欧洲的陆路交通。从此，汉朝通过这条通道向西域和中亚

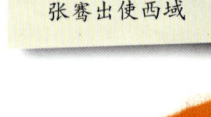

张骞出使西域

国家出售丝绸、茶叶、漆器和其他产品，同时从欧洲、西亚和中亚引进宝石、香料、玻璃器皿等产品。

张骞还从西域带回了多种多样的水果、坚果和蔬菜种子，比如核桃、蚕豆、芝麻、葡萄、石榴、香菜、胡萝卜、黄瓜、大蒜等，其中最著名的是石榴，因来自安、石二国，又称安石榴。

石榴是生长在中亚地区的一种古老的水果，石榴籽酸甜可口、晶莹剔透、宛若宝石。20世纪40年代，考古学家在伊朗境内发现了一座4000多年前的古墓，墓主人是某一个王朝的王后，她佩戴的皇冠上镶嵌着石榴图案的宝石。这意味着在中亚地区的古代，石榴也深受喜爱，被视为珍果。据历史记载，4000年前地中海的腓尼基人擅长航海和经商，他们的足迹所到之处，石榴都会成为商品，继而就被广泛的传播到更多地方。

张骞将石榴带回来之后，人们开始学习栽种石榴，最初在新疆、甘肃等地，后来逐渐发展到更多地方。石榴开花非常美丽，果实也让人喜爱，文人墨客对它有不少的赞美之词。唐代诗人李商隐的《茂陵》中"汉家天马出蒲梢，苜蓿榴花遍近郊"，描写的就是长安城郊外开满苜蓿石榴花的场景。

石榴花可以染色，于是石榴裙也成了年轻女子的代名词。人们也常常说石榴籽多，寓意多子多福，于是石榴也作为新婚礼物来馈赠友人。同时石榴还是一味药材，用它的果壳煎服，可以清热、健胃、润肺、止血。石榴花配合芝麻油还可以治疗烫伤。

与石榴齐名的还有大宛特产葡萄，也叫作"蒲桃"或"蒲陶"，源自希腊语的译音。葡萄进入中国后，汉

石榴树下石榴裙

武帝在离宫别馆中曾大量种植。葡萄的引入也让葡萄酒在中原地区盛行起来。"葡萄美酒夜光杯,欲饮琵琶马上催。"这些新品种的输入,不但丰富了汉代的物质经济生活,而且对中国古代的农牧业、工艺制造业及医疗等方面都产生了直接或间接的影响。丝绸之路的开通,也让汉朝文明进入了空前的繁荣昌盛。

唯有美食不可辜负

马王堆墓葬是一处充满生活气息的古墓群，不仅出土了大量的华服和生活用具，还有不少美食。辛追墓中就有一件非常精美的漆鼎，里面盛放着一鼎鲫鱼藕片芹菜汤。刚打开的时候藕片还色泽嫩白。2000多年的时光似乎都被隔绝在了漆鼎之外。

在马王堆三号利豨墓里一个竹笥里，不仅整整齐齐地摆放着两只华南兔，还有一串串用竹签串起来的烘焙小鱼干。另一个竹笥里层层叠叠地堆放着数十只鹌鹑和竹鸡。一号墓中有一笥鸡蛋，蛋黄、蛋白早已干缩成了薄纸片。

马王堆共出土了100个竹笥，其中一号辛追墓中的48个竹笥中，有30个盛有食品，三号墓盛食物的竹笥

盛美食的竹笥

第三章 娱乐娱乐，生活更美好

长沙马王堆辛追墓中的肉食类遣册，记载了熬羹、烧烤、煎炒、蒸、涮火锅等方法烹饪的肉食。

有40个。食物种类有粮食、蔬菜、水果和肉类。肉的纤维组织已腐烂，经过动物学家的鉴定，这些肉属兽类分别有黄牛、绵羊、狗、猪、马、兔和梅花鹿；禽类有鸡、野鸡、野鸭、雁、鹧鸪、鹌鹑、鹤、天鹅、斑鸠、鸹、鸳鸯、竹鸡、火斑鸡、鹄、喜鹊、麻雀等；鱼类有鲤鱼、鲫鱼、鳡鱼、刺鳊鱼、银鮈鱼和鳜鱼等；还有一架完整的天鹅骨架，汉代人可是把天鹅当做美味佳肴哦。轪侯家的厨房，种类丰富的像一个"小型的动物园"。

在一号墓和三号墓一共出土了722支遣册（古代葬仪中安放在墓葬内用以记录陪葬器物名目数量的簿册），其中350支是与吃有关的。内容和竹笥、陶器、漆器内盛放的食物相印证，可以了解轪侯家的饮食情况。

还有专门记录菜谱的遣册，似是要告诉地府的厨师如何烹饪美食。一号墓的菜谱上记录了近百道菜，三号墓的菜谱比一号墓还要多。从中我们可以了解到，在西汉初期，我国的烹饪手法就已经发展出煎煮烹炸等十几种。

遣册上有鲫鱼莲藕羹、牛白羹、雀酱、烤羊排等，菜品种类丰富，有煎炒、油炸、蒸菜、炖汤、熬羹、烧烤、火锅，名目繁多，天上飞的，地上跑的，水里游的，一应俱全。

这些食材中有一种叫"豆豉姜酱"的调味品，类似古代版的"老干妈"。它是用豆豉和姜制成的佐料，这像极了今天湖南湘菜的香辣口味，此外还有现在炒菜用的桂皮、花椒等调料。

马王堆出土了烤牛肉、烤鸡肉、烤鱼肉等，看来汉代人也喜欢吃烧烤。汉代的火锅和今天的铜锅涮肉有异曲同工之处。当时的火锅也是中间放炭火、外沿烫菜，有骨汤，还有麻辣汤的，还可以来点酱料蘸一下。马王堆汉墓出土的汉代火锅——"彩绘陶鼎"出土时里面还存放着鸡骨头。

汉代火锅——彩绘陶鼎

糖油粑粑

汉代已经有了五谷杂粮,南方多吃米,北方多吃面,面好吃还是米好吃的问题,在汉代就开始PK了。辛追夫人的陪葬食物中,有豆类、谷物、大麦、小麦、麻籽、大豆、赤豆等11种。按马王堆出土的遣册记载,轪侯家常吃的主食有两种,一种就是我们今天吃的米饭,单一的谷物煮熟,也可以夹杂其他杂粮一起蒸煮;另一种是黏米饭,添加佐料再煮食。比如黍枣黏饭,也就是红枣黄米饭,听起来就很好吃。

当时的饼的种类也非常丰富,有蒸的小米饼、油炸的油饼、煎饼、烙饼,还有一种类似现在湖南的特色小吃糖油粑粑,也是辛追夫人的零食。

看来轪侯一家是地地道道的"吃货",和我们今天所崇尚的科学饮食结构一样,有主食、肉类、蔬菜、瓜果和甜点。

举杯邀个明月吧

火锅、撸串都有了,喝点什么呢?我们来看看轪侯家的"酒水单"。马王堆出土的酒类遣册,记载了酒的简文,有酒味醇厚的白酒,有少酒曲多米酿成的米酒,有不断投放酒曲制作的温(醖)酒,还有过滤之后的清酒(肋酒),还有酿酒的酒曲。

"酒"的甲骨文

我国是酒文化的发源地之一,是世界上酿酒较早的国家。夏朝时,中国人就已经开始造酒。甲骨文中就有"酒"字。

在汉代以前,饮酒是贵族和皇室的特权。西汉初期,由于多年战乱,社会经济凋敝,粮食匮乏,为了稳定社会秩序,西汉统治者实行严格的禁酒政策,限制酒类的生产与消费。

汉初期实行清静无为的"黄老之治",经过将近70年的休养生息和经济发展,社会终于恢复了活力,农业生产也取得了很大的发展。《汉书·食货志》载:"京师之钱累百巨万,贯朽而不可校。太仓之粟陈陈相因,充溢露积于外,腐败不可食。"意思是京城的钱太多,串钱币的绳子都朽烂了。仓库里的粮食堆积如山,都溢出到外面,以至于腐烂不能吃了。这段记载充分体现了汉代进入了经济繁荣的阶段。

长沙马王堆辛追墓出土的彩绘陶鐎,用作温酒器,兽首形流,把手内空,可装木柄防烫

汉代人饮酒

经济的飞速发展使人们的生活水平普遍提高，人们开始追求享乐，饮酒之风逐渐蔓延全国，与汉初迥然而异。《汉书·食货志》记载道："酒者，天之美禄，帝王所颐养天下，享祀祈福，扶衰养疾。""何谓酒，是上天赐予的美禄，自古君王护国子民的缘由，可祭祀祈福，扶持病弱之体，是天下多福汇聚的宝物。"

汉代酿酒业发展迅猛，酿酒技术改进，饮酒之风扩散到各个阶层。人们称稻米酒为上等，稷米酒为中等，黍米酒为下等。酒的种类也很多，有桐到酒、肋酒、恬酒、柏酒、桂酒、菊花酒、百末旨酒、椒酒（椒酒是用花椒籽浸制的酒）、斋中酒、听事酒、香酒、甘醴、甘拨等。从酿造的时间来看，多在春、冬两季，也有时在秋季，所以有"春醴""春酒""冬酿""秋酿"等称谓。

汉代的酿酒流程是先将谷物煮熟，待冷却后再和上酒曲，密封、恒温贮藏于陶瓮内，以发酵酿酒。当谷物、酒曲发酵好之后，再进行过滤，去除酒糟和泛滓，即沥酒。经过以上流程就可获得诱人的美酒了。

那么2000多年前的酒是什么样子的呢？2003年，西安出土了一个鎏金凤鸟铜锺，出土时密封完整，内里竟然保存着西汉时期的古酒，重26公斤，酒色鲜绿透亮，这就是传说中的"灯红酒绿"吧？！这是迄今为止发现的最早的"年份酒"，酒精度数有3度，度数不高，所以"千杯不醉"不是梦。

美酒有了，当然少不了盛美酒的器皿。马王堆汉墓出土的耳杯，由整木制作完成，内外都画了精美的图案。耳杯的两侧是两个弧形的形状，像极了耳朵。喝酒时，双手托着酒杯的"耳朵"，一饮而尽，然后将耳杯倒过来，示意全喝光了，这种礼仪，古代称之为"举白"，相当于今天的我们在聚会干杯后说："我干了，您随意。"

鎏金凤鸟铜锺

杯子有了，酒壶必不可少。马王堆出土的云鸟纹漆钫，是一个方形的盛酒器，出土时内部还留有酒的残渣，容量为四斗，相当于现在的50斤。这么重的酒壶，必须搭配一个酒勺来盛酒，于是就有了龙纹漆竹勺。想象一下，在享用丰富的午餐时，用龙纹漆竹勺从云鸟纹漆钫中舀上一勺米酒，倒入漆耳杯中，一边欣赏着歌舞，一边品尝着桂花米酒，清香爽口，真是太美妙了。

云鸟纹漆钫和龙纹漆竹勺

歌舞升平，开怀畅饮

汉代饮酒之风盛行，以至于"享祀祈福，扶衰养疾。百礼之会，非酒不行"，酒席已经遍布生活的方方面面中。

《周礼·春官·大宗伯》中记载："以飨燕之礼，亲四方之宾客。"这反映了两汉时民间已经形成了浓厚的宴饮迎宾之风。《汉书·西域传》中记载汉武帝时"设酒池肉林以飨四夷之客，作巴俞都卢、海中砀极、漫衍鱼龙、角抵之戏，以观视之"。意思是汉武帝摆酒设宴，酒肉丰富，款待西域之客，宴席上表演百戏。

上有好者，下必甚焉，民间宴饮之风更盛。各级官员、富商豪绅常大肆设宴招待四方宾朋，借此炫耀财富。

随着饮酒之风的盛行，酒文化也开始发展，歌舞助兴已经深入到酒席之中。在山东嘉祥武氏祠出土的一幅《宴饮图》中，就详细地刻画了汉代人酒席宴会上的场景。画中五人席地而坐正在饮酒，案几上摆满酒杯、食物，左边四人两两互拜，右边正在进行精彩的乐舞表演

宴饮迎宾

四川郫县竹瓦铺砖室墓出土的《宴饮画像》

以助兴。汉画像中的迎宾、宴饮场景不仅如实反映了汉代民间的生活，也体现出了汉人希望死者在阴间得以延续生前生活的"事死如事生"的思想。

《盐铁论·散不足》记载："今俗因人之丧以求酒肉，幸与小坐而责辨，歌舞俳优，连笑伎戏。"意思是当时有个风俗，有的人借别家办丧事的机会，去人家做客，希望受人委托办理丧事。他们大搞唱歌、跳舞、演戏、滑稽表演和杂技。《盐铁论·崇礼》篇中："夫家人有客，尚有倡优奇变之乐。"意思是一般的家庭有客人来访时，也会安排百戏乐舞。由此可见，歌舞饮酒已经是汉代人的日常生活。

1974年3月在四川郫县竹瓦铺砖室墓出土的《宴饮画像》中，上层坐着戴着高冠、身着华丽长袍的宾主，下层则有艺人表演盘舞、龙舞等丰富多彩的乐舞百戏。

从这些史料和汉画像中，都能够看到主人在宴请宾客时必有歌舞助兴。

如果说马王堆一号辛追夫人墓是一座艺术宝库,那么三号利豨墓则是一座汉代图书馆。马王堆三号墓出土的文物,可谓是一个"私人图书馆",大量的书籍,涉及天文、地理、军事、历史、哲学、医学、艺术、人文等,反映了当时贵族接受的教育水平和阅读知识面。三号墓主人利豨,真是一位博览群书,英勇善战,能文能武的"杰出青年"。

金贵的帛书

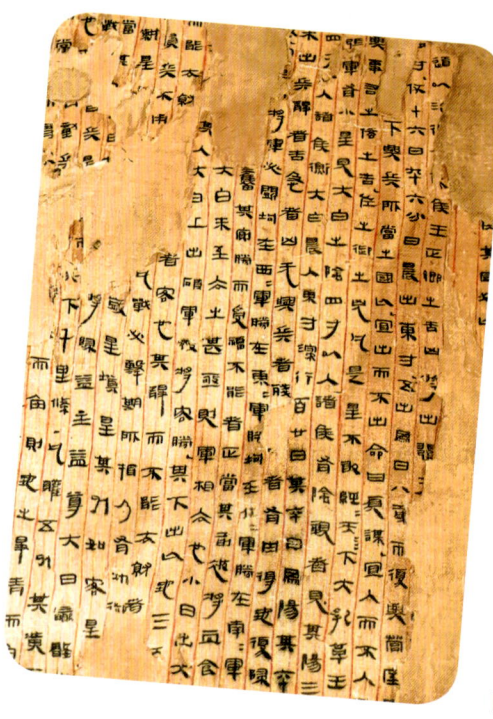

马王堆一号墓出土的帛书《五星占》（局部）

在马王堆三号利豨墓中出土了大量的帛书。帛是白色的丝织品，从汉代起通称丝织品为帛。在帛上写的书文，叫做帛书；在帛上画的画，叫作帛画。由于帛的价格昂贵，帛书的使用也仅限于皇室和达官显贵。

帛书、帛画的起源，可以追溯到春秋战国时期，目前发现最早的帛书实物是 1942 年出土的楚帛书。但这份帛书在同年被盗，今藏于美国的大都会博物馆。1973 年，湖南博物院对当年那座出土楚帛书的子弹库楚墓进行发掘，断定它是战国中晚期的墓葬。

帛书的书写是把帛横铺开，从右至左，直行书写，有整幅（约 48 厘米）和半幅（约 24 厘米）两种。从出土的帛书来看，抄写在整幅帛上的都是当时比较重要的书，如《周易》《老子》等经典著作，抄写在半幅帛上的一般都是《春秋事语》《战国纵横家书》，以及医药等一般性书籍。一般画有红色的直行格,汉代叫"朱介","介"即"界",是界线的意思。此外还有墨介,就是用墨线画的直行格。书写文字的墨,是用松枝烧成的烟灰作为原料,红色的字则用朱砂。

帛书用的丝绸很长,一般会书写几本书在上面,并不剪断,只会在每一本书的开头做标记,而书名和字数都写在末尾。

马王堆三号利豨墓中出土的帛书有50余种,共计13万多字,都是"焚书坑儒"的幸存者,涉及天文地理、哲学政治、历史、艺术、医学等诸多领域。其中大部分是历史上早已失传的书籍,还有一部分是与现行版本有较大区别的早期版本,弥足珍贵。马王堆帛书,"是继汉代发现孔府壁中书、晋代发现汲冢竹书、清末发现敦煌经卷之后的又一次重大古代典籍的发现,在中国古代文献学和中国学术史的研究上具有极其重要的价值和意义"。(何介钧:《马王堆汉墓》,文物出版社)

帛书的字体秀美、笔法流畅,但各书的字体差异较

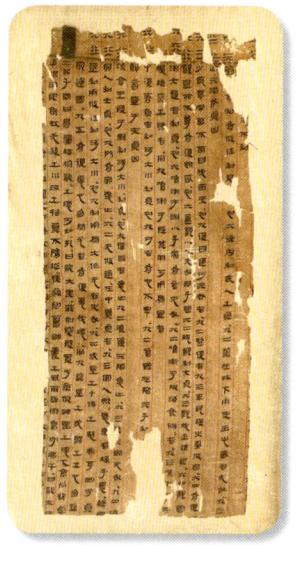

帛书《周易·六十四卦》

马王堆一号汉墓出土的T形帛画(局部)

战国帛画《龙凤仕女图》。湖南省长沙市陈家大山楚墓出土。此画是现存的最早的两幅帛画作品之一。

大，有篆隶、古隶、今隶以及篆隶之间的书体。字的风格也多种多样，说明书写的年代不同，也不是出自一个人的手笔。这些帛书的出土，对史料研究有着珍贵的价值，同时也反映了汉代贵族的知识结构和文化素养。

此《道德经》非彼《道德经》

马王堆三号利豨墓出土了两种写本的《老子》，都是用墨笔写在帛上，一本是带有隶书笔法的篆隶，被研究者称之为甲本；另一本是隶书，称之为乙本。甲本多有破损，文字大多残缺。乙本大体完整，文字清晰。《老子》甲本和卷后四篇古佚书抄在一幅长帛上，共465行，1.3万多字，字体近似篆体，推测写于公元前206年至公元前195年之间。《老子》乙本和卷前四篇古佚书抄在一幅宽帛上，共252行，1.6万多字，字体为隶体，出土时因帛书折叠处残断，分成了32片，推测写于公元前194年至公元前180年之间。

马王堆三号墓出土的帛书《老子》

《老子》又称《道德经》，马王堆出土的《老子》和我们今天所看到的传世版《道德经》不同，《德经》在先，《道经》在后，所以称《德道经》。书里还有700多处与传世版《道德经》不一样的地方，虽然这些不同之处，只有只言片语，但在古文中，一字之差，谬以千里。比

老子

如，在老子的《道德经》里写道："上善若水，水善利万物而不争"，意思是最好的行善是像水一样，福泽万物，却从来不与万物相争。水是从高处往低处流，遵循自然规律，意在表达一个做人的道理。而在马王堆出土的《德道经》中，是"上善似水，水善利万物而有静"。一个是"若"，一个是"似"；一个是"不争"，一个是"有静"。根据马王堆《德道经》的注释，"有静"是指清净，水润泽万物，参与万物，但水依然保持清静、纯净。这两句的差别，代表了当时的人在哲学思想上的不同追求，前者是老子智慧的核心，道法自然，不争不抢；而后者是让人调整自己的欲望，和水一样，利于万物，却依然清净。

老子与《道德经》

《道德经》是中国哲学的开山之作，是2500年前的东方智慧，《道德经》最初称为《老子》，成书时间不晚于战国中期。《道德经》的作者老子，名叫李耳，字聃，后人称他为"老子"或"老聃"，曾担任周朝的"守藏室之史"，相当于现在的国家图书馆馆长。他是我国著名的思想家、哲学家、道家的创始人，也被后世称之为"太上老君"。

老子生活在公元前800年到公元前200年，当时东西方著名思想家们都在探讨一个问题："宇宙的本源是什么？""人与世界的关系是什么？"老子提出的"道法自然"在时间上比柏拉图、亚里士多德这些西方哲学家都要早。老子的思想在后世对东西方的哲学发展有着深远的影响。

《史记》中记载，"居周久之，见周之衰，乃遂去"，意思是说，老子居住在周朝很久，看到了周的衰落，失望至极，但又无能为力，便辞去职务离开周。老子行至函谷关时，遇到了他的崇拜者——函谷关令尹喜。尹喜在边关观天象，发现天空呈现紫色的祥瑞之气，他说："紫气东来，定是大人物过关"，于是就看到了老子。这也是"紫气东来"的由来。尹喜深知无法挽留老子，于是恳请老子留书一册，于是在函谷关，老子将毕生智慧浓缩成一部5000多字的《道德经》。这就是历史上老子西度过函谷关留下《道德经》五千言的故事。

《道德经》分为上下篇,《道经》与《德经》共八十一章，5000余字，是典型的哲学著作，篇幅较小，却涵盖了哲学、伦理、政治和兵法等诸多领域。

热门的纵横之学

帛书《战国纵横家书》是记录春秋战国时期的历史故事的古佚书，对修正历史文献有重要的价值。

《战国纵横家书》是一部主要记载战国时代纵横家苏秦等人的书信、说辞的古佚书，共十六章，1.7万多字，其中有十一章内容可以在今天的《战国策》和《史记》当中找到，但是内容有所出入。

《战国纵横家书》

例如，因《史记》中将苏秦的卒年错写成了公元前320年至公元前311年，整整提前了二三十年，导致很多原本属于苏秦的史料被安到了其他人身上。如公元前312年，前往楚国游说陈轸的是苏秦，"今者秦立于门"，而不是《史记》所写的苏代。

"纵横家"盛行于战国时期，源于古代善于辞令的使节职务官，在错乱复杂的各国交战中，纵横家周旋于列国之间，出谋划策，做游说之事。这种游说君王、谋取仕途的学问，叫做"纵横之学"。苏秦就是著名的纵横家。从战国到汉代，这种"纵横之学"一直很热门，广泛流传，成为贵族们学习的内容。

目前发现最早的手抄本《周易》

在马王堆三号利豨墓中，还发现了一幅没有标题的帛书《周易》，有4500字，从帛书的字形、字音及避讳与否等方面初步判断，《周易》抄写于汉文帝时，是目前可以看到的最早的手抄本。

《周易》分为《易经》和《易传》两个部分，《易经》最初成书于殷周之际，原为古人向神灵卜问吉凶的方法，分龟卜和占筮等用途。后来《易经》成为儒家的"六经"之首。曾有学者认为"孔子不读《易》"，连读都未读，更不可能写出《易传》，而马王堆出土的这本《周易》中，记录了孔子晚年与子贡的一段对话："夫子老而好易，居则在席，行则在橐。"意思是孔子老年酷爱读《易经》，在家里随时翻阅，出门时也随身携带。

17世纪德国的哲学家、数学家莱布尼茨发现并完善了"二进制"计算法。当今，"二进制计算法"成为信

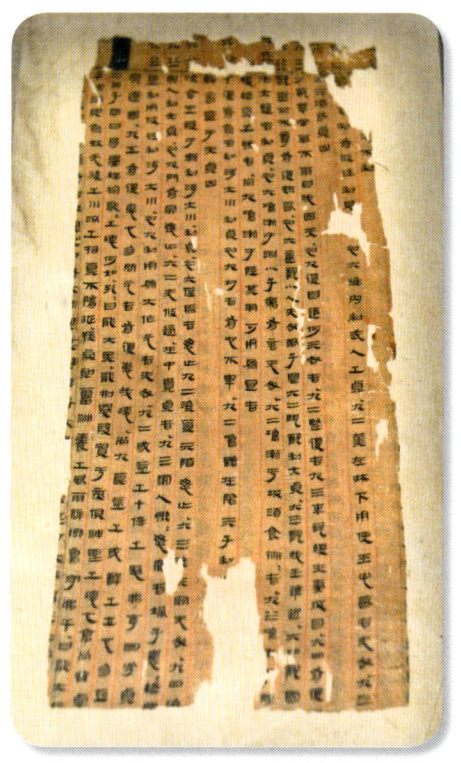

帛书《周易》

息科技基础，应用在了互联网技术当中。而早在数千年前的《易经》中就已经蕴含了"二进制"算法的痕迹，与莱布尼茨的"新算术"完全一致，但我们的先贤却领先了2000多年。

《周易》《老子》等，皆为中华历史的伟大典籍，这些帛书充分地体现了汉代贵族接受什么样的教育，有什么样的知识结构。

2000 多年前的天象是这样的

你知道吗？古人也是喜欢看星星的。

自旧石器时代以来，人类就一直试图解释所看到的天文现象，太阳的昼夜交替、月亮的阴晴圆缺、日食、月食、彗星等。经过无数次的遐想、讨论、猜测、记载，人们进行推算，逐渐摸索出一些规律，甚至可以推算出自然灾害。

在中国古代，因皇室统治和祭祀的需要，观天授时是古代天体测量的主要目的。

在马王堆出土了两本关于天文学的著作，一本叫《五星占》，另一本叫《天文气象杂占》，这是世界上保存下来最早的天文书籍。

《五星占》，现存最早的天文书

《五星占》由占文和行度表两部分组成，共144行，约6000字，分九章。行度表记载了秦王政元年（前246年）至汉文帝前元三年（前177年）的70年间的金、土星的运行位置。和秦王政元年（前246年）到吕后元年（前187年）的60年间的木星运行位置。

《五星占》还记录了关于金星、木星、水星、火星及土星这五大行星的运行情况。帛书中记载，金星的会

帛书《五星占》

合周期为584.4天，比今天的科学家推测的583.92天，只差0.48天，误差率只有万分之几。土星会合周期是377天，比我们今天所测值的只少了1.09天，恒星周期为30年，比我们今天所测值29.46年只多了0.54年。这些数据比后来的《淮南子·天文》和《史记·天官书》更为精确，可见当时中国的天文观测技术已经达到了相当高的水平。

战国时期有两位天文学家，一位是当时的齐国人甘德，另一位是魏国人石申。他们分别写了《甘经》与《石经》，共十卷，两书合称《甘石星经》。据专家考证，马王堆汉墓出土这部《五星占》的内容精髓就是《甘石星经》的内容，而《甘石星经》成书的年代在公元前370年至公元前270年之间，比西帕恰斯星表还早两个世纪。遗憾的是，这部原作已经失传，仅有一些佚文存世，所以马王堆出土的《五星占》成为世界上现存最早的天文学著作。

湖南博物院依据这本《五星占》制作了天文虚拟演示，采用了12台投影机融合成立体式苍穹，将晦涩难懂的古代天文记录通过沉浸式行星运行演示方法进行呈现，让观众身临其境地感受到了我国古代先贤的智慧。

《天文气象杂占》，关于彗星形态的最早著作

帛书《天文气象杂占》高48厘米，宽150厘米，出土时已经碎成大大小小的几十片残帛，并有一小部分已经腐烂，但基本上可以恢复原来的面貌。这篇帛书原无篇题，帛书整理小组根据其内容将之命名为《天文气象杂占》。

《天文气象杂占》是利用天象来占卜吉凶的书籍，图中用朱、墨两色绘有云、气、月晕、日晕、恒星、彗星等250幅图像。其中彗星有各种形状，有一尾和多尾结构，有各种弯曲程度的彗尾，有的还绘出了各种形状的彗头，表明当时已观察到彗核结构。

书中最珍贵的是31幅彗星图，这是世界上现存最

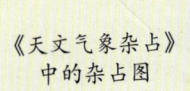
《天文气象杂占》中的杂占图

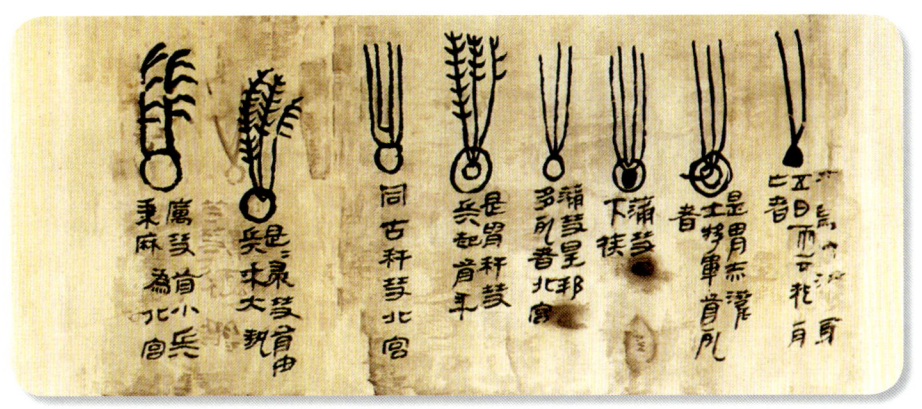

《天文气象杂占》中的彗星图

早的彗星图,每颗彗星都有彗头、彗尾,除了最后一颗,其余的全部是头朝下,尾朝上,符合彗星背离太阳的科学规律。两千多年前,没有留下名字的天文学家们发现了这些星际周期与规律。这些足以说明,在两千多年前我国观测彗星已经有了极高的成就。

仰望同一片星空

在古代,没有电灯,没有电视,星辰陪伴了人类的漫漫长夜,有了星月闪烁,黑暗的夜才有了明亮和浪漫。在同一片星空下,世界的每个角落都有好奇的眼睛仰望着星空,记录着斗转星移。

古埃及的丹德拉星版图创作于公元前50年,正是我国的西汉汉元帝时期。丹德拉星版图是一块圆形的星版图,原本是古埃及丹德拉神庙的穹顶,直径2.5米,砂岩石材质,版上刻满了浮雕,描绘着宇宙天体,现在珍藏于法国卢浮宫,是一件巨大的文物珍品,也是埃及政府一直想讨要回来的流亡在外的文物。丹德拉星版图上除了有五大行星之外,还记录了日食、月食和十二星座。

观星的喜帕恰斯

  在公元前 2 世纪，古希腊也有一位天文学家，是方位天文学的创始人，名叫喜帕恰斯。喜帕恰斯可是一位"千里眼"，肉眼观测遥远的星际，测量结果却惊人的准确。他发现了星星的亮度不一样，于是把星星的亮度分成了不同的等级，一等最亮，六等最暗，按照等级制作了"喜帕恰斯星表"，这是西方最早的星表。星表共有 1080 颗恒星，并画出了每颗星星的黄经和黄纬，还划定了 49 个星座。可遗憾的是，这份星表原著已经遗失，复本也找不到了。喜帕恰斯的观点被后来的古希腊天文学家托勒密保留了下来，写成了《天文学大成》，总结了 500 年来的希腊天文学和宇宙思想，这部著作统治了天文界长达 13 个世纪。

长沙国到底有多大？

长沙国是西汉时期出现的一个诸侯封国，公元前202年建立，公元7年废除，一共存在了209年。它的疆域广阔，比今天的湖南省还要大。据《汉书》记载，从汉水之北一直到九嶷山，为长沙国。司马迁的《史记》也记载，长沙国的疆域是"自陈以西，南至九嶷"。这样看来，班固和司马迁的说法是一致的。长沙国最北的边境是汉水，最南的边境到广东连县一带，最东的边境鄱阳湖东岸，最西边到广西全州、灌阳县以西。《汉书·地理志》里记载，长沙国有22个县，除了今天的湖南临湘、汨罗、益阳、连道、承阳、昭陵、容陵、茶陵、湘南、郴州、营浦、南平、春陵、泠道县等等，还有今天的江西部分地区，广西的安成、桂阳、观阳、洮阳，广东和湖南边界的龄道县，湖南和湖北边界的下隽县。

世界上最早的地图——《长沙国南部地形图》

马王堆三号利豨墓出土了三幅绘制在帛上的地图，它们被折叠成24厘米长、12厘米宽的形状，放在一个长方形的漆盒里。帛是丝绸制品，经过2200多年的叠压和水的浸泡，已经断裂了。考古学者把其中一幅地图

《长沙国南部地形图》

的32片残片拼接复原成了一幅长宽各90厘米的正方形地图。这幅地图上绘有河流、山川、城市、道路、乡村……每一个都用篆书标记着名字。图中的纹路有粗有细，有形状不同的线条、圆圈、方块，还有半月形状，代表着不同的地理位置。这是世界上最早的地图——《长沙国南部地形图》。

这幅地图和我们今天的地图方向正好相反，它是"上南下北"，地图的比例是1∶190000到1∶170000，相当于"一寸折十里"。

地图中主区包括了长沙国南部八县，就是今天的湘江上游的第一大支流——潇水流域、南岭、九嶷山及附近地区。图中的水系标记和今天的地图几乎一模一样。图中还包括了当时的南越国，也就是现在的广东大部分和广西的小部分地区。

尽管这幅地图与今天相隔2200多年之久，但除了境界线、土质植被以外,其余的都完全符合现代地图的基本要素,涵盖了地貌、水系、居民地、交通线,都做了详细的介绍,可以看出,这是一幅水平很高的地形图,绘制技术相当熟练,河流深浅的变化、山脉蜿蜒的曲线,都是一笔绘成,没有丝毫修改。

地图中所使用的分级、符号设计,以及主区详细、邻区简略的制图原则,至今仍在沿用。

《驻军图》,现存最早的三色彩绘军事地图

在三号利豨墓中,和《长沙南部地形图》同时出土的还有一幅《驻军图》。《驻军图》出土时已经残破成28片,经拼接复原成一幅长98厘米、宽78厘米的军用地图,这是世界上现存最早的三色彩绘军事地图。

长沙国担任着防御南越国的最重要职责,为随时作战而操练兵马。军事训练是长沙国的日常。所以军事地图是必不可少的。

《驻军图》绘制了约方圆500公里的区域,大致为今天的湖南省江华瑶族自治县的沱江流域一带的兵力分布、武器配置、作战态势等情况,比例为1:100000到1:80000。驻军图同样采用"上南下北"的方位标示,用黑、红、青三种颜色绘制,图中用深颜色把驻军营地、防区界限等重

《驻军图》

《驻军图》
（局部）

要因素突出表示在第一层平面，把河流山脉等地理基础用浅色标示于第二层平面，这与现代专用地图的两层标示法是一致的。

《驻军图》上详细标注有城堡、障塞和营垒等军事要塞的位置和文字，并用T形、方形、不规则的框格特别注明了驻扎军队的所在位置。图上标有"营浦"（今湖南道县）、"南平"（今湖南蓝山县）等8个县城，还标注了70多个乡村和20余条道路，以及9个军营。三色彩绘的绘图技法，主次清晰，表明汉代地图测绘水平已经很高超。总体来看，大多数河流和一些与驻军有关的山头都标示了名称，居民地有的还标示了具体户数，这说明了《驻军图》必定是在实地勘测的基础上绘制的，真实地记录了当时长沙诸侯国在军事上的驻防备战形势，为研究西汉初期的军事、历史提供了极为难得的实物佐证。

地图的"前世今生"

人类制作地图的历史已有数千年,最早可追溯到远古的洞穴壁画。在史前时代,古人就知道用符号来标记走过的路,记录自己生活的环境,并把这些经验留给后代。每一幅地图都是人类对世界认知的表现。

捷克巴甫洛夫村的猛犸象牙地图,来自 25000 年前的旧石器时代。猛犸象牙上雕刻了蜿蜒的河流、起伏的山峰和村落,与当地的地形结构完全相符,这或许是现在人们能看到的最早的地图实物。考古学家推测,象牙上的标记很可能是巴甫洛夫当时的景象。

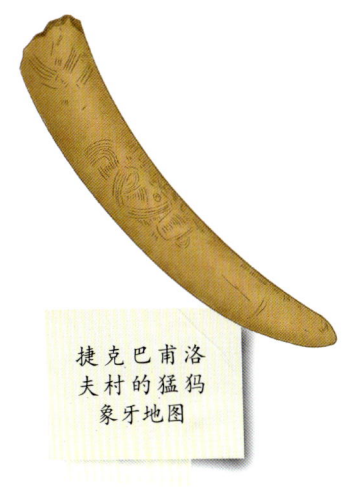

捷克巴甫洛夫村的猛犸象牙地图

在摩洛哥的阿特拉斯山脉中的洞穴里,有一幅直径约 1 米的圆形洞穴壁画,是一幅精心制作的地图。两座大山之间有宽阔的山谷,山谷中有一条大河,还有支流,其中散布的圆点像是定居的部落村庄,这幅图像大约有 6000 年的历史。

1900 年,法国西北部布列塔尼地区发现了一块神秘大石板。这块石板名为"圣贝莱克石板",约 2.2 米长、1.53 米宽、16 厘米厚,石板上刻痕清晰复杂,部分破碎,可以追溯到约公元前 1900 年至公元前 1650 年之间的青铜时代早期。但是当时这块石块并未引起人们的注意。后来,圣贝莱克石板被放置在一座城堡中,被遗忘了 100 多年。直到 2021 年,考古学家才重新评估这块石板,并琢磨它的意义,才发现它很有可能是欧洲已知的最古老的 3D 地图。

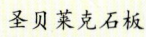
圣贝莱克石板

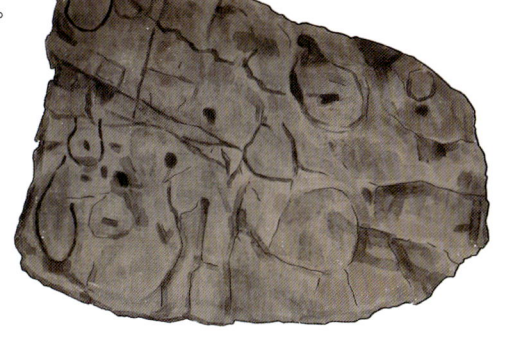

人们还在古巴比伦地区发现了一幅刻在陶片上，距今 4500 多年的地图。在这幅地图上记录了两河流域——幼发拉底河和底格里斯河，从北方的山脉流向南方的沼泽，在这两条山脉之间，是古巴比伦城和城池周边的环境。

古罗马最具代表性的地图《波伊廷格地图》，是幸存下来的唯一的罗马世界地图，呈现了古罗马帝国最初的模样。它长约 8.5 米、宽 34 厘米，绘制了从西部的英国、西班牙、摩洛哥到东部的斯里兰卡和中国之间的 104000 千米的路程，沿途标记有驿站、浴场、桥梁、森林、里程，这幅地图来自公元前 335 到前 366 年。

中国关于地图的记载可追溯到《左传》记载的《九鼎图》，大约绘制于 4000 多年前。而很早之前的《山海经》中就绘有山水动物植物的图，但它仅仅是传说中的地图，并没有实际测绘。《周礼》中也有 17 处关于地图的记载："掌道地图，以诏地事。"这说明西周时期就已经使用地图，但是这些仅仅是史料，并没有出土地图实物。

古巴比伦时期的陶片地图和《山海经》一样是传说中的地图。公元 2 世纪的罗马帝国时代，才有了地理学概念中的地图，但其地理轮廓是依据想象和传闻绘制的，内容的实用性不太高，在时间上也晚于西汉 300 多年。

马王堆地图的出土，表明在西汉时期中国的地图绘制水平已经达到了极高的水准，为后人研究西汉初期的人文地理和军事思想提供了珍贵的资料。

一二三四,二二三四, 强身又健体

汉代人平时怎么锻炼身体呢?汉代会不会也有广场舞、太极拳?在马王堆汉墓的三号利豨墓中出土了一幅图文并茂的彩色帛画,解答了这个问题。它是现存最早的彩绘气功导引操练图,用工笔彩绘在丝帛上。丝帛上有4排,每排11人,共44个形态各异、穿着不同的人物,详细绘画出了44组动作的姿态。这幅图画出土时无标题,专家根据人物的运动姿态和所标文字来推定,这就是古代版的健身秘籍——《导引图》。

中国发现最早的健身图谱——《导引图》

马王堆《导引图》重现了两千多年前古人锻炼身体

马王堆《导引图》摹本

的情景，遗憾的是，2000多年后的今天，这些动作图案的相关文献已无存。在今天的中医书籍里，无法查阅到这些动作创立最初的原貌，但《导引图》的出土，对传承和研究我国中医文化有着重大意义。

古人认为："导气令和，引体令柔"。"导"即引导呼吸，就是通过调控自己的呼吸频率和深浅来扩大肺活量；"引"即牵引自己的身体，使身体每个关节、脊椎及颈椎得到最大程度的舒展，使肌肉和韧带健壮而有弹性。"导引"，又称"导引按跷"术，是我国五大传统中医医术之一，与针、灸、砭石、中草药具有同等重要的地位。在《黄帝内经·素问》中有明确记载，根据实施方式的不同，大概分为两类：一类是人们通过自身姿势与动作，配合呼吸与精神活动，调整精神气血来达到健身的作用；另一类是借助医者或他人之手，用按摩推拿的方式，来让气血通畅，达到健身的效果。

《导引图》上的44个小人，有男有女，形态各异。从记录的名字来看，有描绘运动姿态的，如伸展、屈膝、体侧、腹背、转体、跳跃等动作；有配合呼吸吐气的；也有使用棍、袋等器械运动，看起来像极了广播体操和太极的结合。有的小人模仿动物形态，如"熊经""鸟伸""鹞背""沐猴呼"等。还有一类是治疗病症的动作，"引颈""引聋""引膝痛""引温病"等。

导引术是我国医学的瑰宝，最初是作为治病的重要手段，后来逐渐发展成为保健养生的锻炼方式。太极拳、八段锦、五禽戏、内养功等，都是在导引术的理论基础上衍生出来的。我们今天的推拿、按摩、足疗也受到了古代导引术的影响。

最先推动导引术的人是谁呢?是西汉的开国功臣之一——张良。他在晚年辞官后学习导引术,还打广告说,他的师父是一个修道成仙的人,已经几百岁了。当然,谁也没有见过,不知道是否存在"虚假宣传"。但是有这位神仙师父作为"代言人",张良吸引了大量的粉丝跟着他学习导引术。于是,导引术成了西汉的"八段锦",非常风靡。

张良画像

《五十二病方》,最早、最完整的古医方专著

马王堆出土了一大批涉及养生和医药方面的竹简和帛书,对后人了解西汉的医学水平非常重要。其中经络学方面的书籍有《足臂十一脉灸经》《阴阳十一脉灸经》;医方书有《五十二病方》,养生书有《十问》《房内记》《养生方》等。

《五十二病方》,是迄今所见最早、最完整的古医方

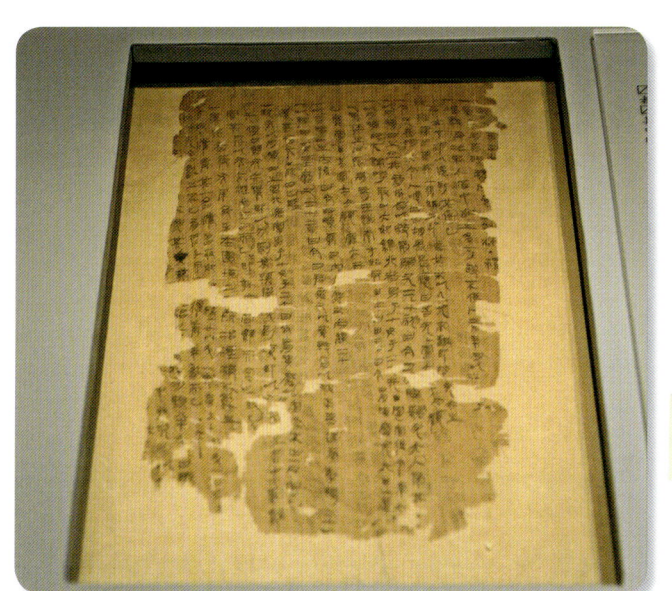

《五十二病方》

《胎产书》

专著，有一万多字，记载了治疗52种疾病的方法，包括280个医方、254种药材，除了药物疗法，还有砭石、针灸等治疗方法，甚至还有外科手术治疗痔疮的记载。

《五十二病方》写在半幅高约24厘米的帛上，折成三十余层，出土时折叠处已断裂，但拼接复原后仅中间有几处缺损。医书字体为篆隶，在马王堆帛书中是字体较早的一种，抄写年代推测在秦汉之交，成书年代则应早于《黄帝内经》。

西方医学史上记载，12世纪的意大利外科医生罗吉尔用水银软膏来治疗疖肿和皮肤病，但是在马王堆汉墓医书《五十二病方》中记载，中医使用水银治疗疾病时，不仅有软膏，还有其他制剂，可见这一治疗方法，中国足足早于西方一千多年。这部书证明在西汉时期就有了内科、外科、妇产科、肛肠科、五官科等临床医学和药剂学发展的真实水平。

马王堆还出土了最早的妇产科医书《胎产书》,这里最早提出优生优育理念,从胎儿在妈妈腹中十月的生长、孕期调理、产后恢复、孕产期、哺乳期的疾病治疗与保健,书中都有涉及。

治病重要,养生更重要

辛追夫人去世时已经五十多岁了,但是考古人员回忆,刚出土时的辛追夫人面色红润,皮肤有光泽,只是后来因为长时间暴露在空气中,又浸泡在福尔马林里,

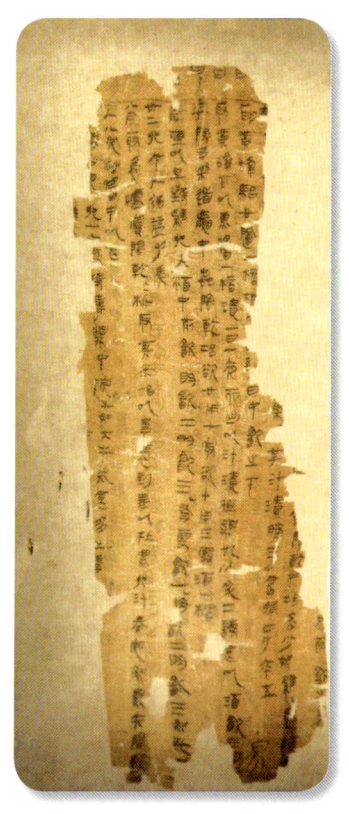

养生方

醪糟煮鸡蛋

皮肤才氧化脱水，成了今天的模样。但是，辛追夫人刚出土的状态也说明了一个问题：西汉初年的人们已经精通养生之道。辛追夫人就把自己保养得很好。

马王堆出土的记载着西汉保健养生的竹简和帛书有数种。比如《十问》，就是借帝王、诸侯、官吏、名医和术士之间的问答，提出了十个有关养生保健的问题：如何顺应天地阴阳四时变化，健康与饮食、睡眠之间的关系等等。早在西汉年间，人们已经知道了人与自然是一个有机的整体，只有和谐相处，才能健康长寿。

《养生方》则是除《五十二病方》后，马王堆记载方药最多的医书了。最早的甜酒冲蛋，也就是我们今天的醪糟煮鸡蛋，就出自《养生方》，可以美容养颜。《养生方》还记载了最早的药酒配方，可以治疗疾病，延缓衰老，美容美发，增强体质等。

脑洞有多大，天地就有多大

人死后会去往哪里？会去往天国吗？怎么去？天国又是什么样子的？千百年来，人们都在臆想天国和地府的模样，想象着人死后的去处。轪侯家也不例外，他们将身死后的归宿和生活用最具想象力的构思画在了招魂幡上：墓主正在去往"天国"的路上，日月同辉、善乐合鸣，翼龙、仙鸟、神虎、神豹相迎，护卫天国门庭的天神在旁恭候。可谓"脑洞有多大，天地就有多大"。

马王堆汉墓一共出土了五幅帛画，其中一号辛追墓一幅，三号利豨墓四幅，创作时间为汉文帝时期（前179—前157年），这是迄今为止发现的汉代最早的独幅绘画作品，也是最具明确意图的帛画。帛画的寓意深邃，艺术价值极高，是世界上最珍贵的艺术品之一。

马王堆一号辛追墓出土的 T 形帛画，遣册中称它为"非衣"——"非衣一，长一丈二尺"，因为形状是一个"T"形，所以被称为 T 形帛画。"非衣"

T形帛画

谐音为"飞衣",它是墓主人"飞"往仙界的"引路幡",也叫"招魂幡"。

辛追夫人内棺上覆盖着的T形帛画,用三块单层细绢拼成,画幅全长205厘米,上宽92厘米,下宽47厘米,顶端横着一根竹竿,上系丝带,可以举起来,中部和下部的四个角都缀着青黑色麻质绦带,画幅加上绦带和丝带,总长正好是汉代的一丈二尺。出殡时,T形帛作为招魂幡,被人举着走在队伍最前面引路,入葬时放在内棺上。

一号辛追墓的帛画的内容详细地描绘了通往仙界的仪式。帛画分为三个部分,最上面是天国,左边是月亮,

T形帛画使用场景

辛追墓T形帛画局部

右边是太阳,红色太阳里有一只黑色的鸟,名为"金乌",周围还围绕着8个太阳。画面里还有两只鹤和怪兽,共同拉着一口钟,再往下是一个天门,天门上有两个人守着南天门,门框上还趴着神虎和神豹。画面上还有两个人头鸟身的"羽人",他们在拉绳撼钟,可以在天国和人间自由行走,给两个空间建立沟通的渠道。

帛画的中间部分是人间,画着一位老妇人,挂着拐杖,穿着雍容华贵,面容上胭脂水粉,眉眼细长,仿佛在笑,从右往左走去,身后跟随三个随从服侍她,这个人物应该是墓主人辛追夫人。专家推测,这组画面表现的是辛追夫人灵魂前往天国的场景。

辛追夫人头上是华盖式的屋顶,有一对凤鸟相对而栖,屋顶下还有一只展开双翼的大鸟,疑似传说中的风神。辛追夫人身侧是交蟠穿璧的龙,璧下悬挂帷帐,帐下垂着玉磬。玉磬下栖着一对人首鸟身的动物,帷帐下像一个厨房,有人在准备饭菜。中间有一大食案,桌上摆着鼎、壶和成套的耳杯。几名辛追夫人的家人伫立于

第四章 古人的学问 不可小觑

长沙马王堆一号汉墓出土的T形帛画

桌前,祭祀亲人,祈求亲人灵魂升天。这组画面应该就是人间。

画的最下面就是地府了。一个大力士托着的平台,力士站在相互缠绕的两条巨鲸之上,平台下有龟、鲸鲵(大鲸鱼),这象征着大地的下面是水。古人认为,大地是一片被大力士托举着的平台。当大力士累了要休息休息,活动活动筋骨时,大地就会晃动。这就是人间偶有地震的原因。

看完整个画面的内容,就明白了汉代的宇宙观。天是圆的,大地是方的,象征"天圆地方"。地下是一片汪洋,由大力士托举着大地。人间烟火,荣华富贵,忙碌着的人群,还有走向天宫的辛追夫人与随从。这些神秘、灵幻的图画,展现了西汉时期的丧葬观念,是西汉的文化符号。在繁荣盛世的西汉,生活富足,文化丰富,人们留恋人间的美好,不愿意死去,渴望永生,于是将死亡看成是去往另一个仙界。

湖南博物院将这幅T形帛画通过动画的方式,把其中的内容拆分为天上、人间、地下三部分,每部分都做了详细的注解,并伴有动画效果,使得原来"躺"在展示柜中的文物,又"活"了过来,使观众更好地理解帛画内容。

三号墓出土的T形帛画和一号墓的画面构图基本

一致，最大的不同就是画中心位置的老妇人换成了头戴冠，身着红袍，腰间佩剑，威风凛凛的武将。

马王堆三号利豨墓棺室的东西两壁还出土了两幅大型写实帛画。东壁帛画因受损严重，已无法分辨其内容。西壁则幸运地保存了下来。这幅《仪仗图》是迄今发现的最早的写实绘画作品，是墓主人利豨生前举行盛大检阅仪式的车马仪仗。绘画之人以鸟瞰的视角，巧妙地将几十乘车、二百多匹马和二百多个人物安排在一个画面上，构图独具匠心。

《太一将行图》

三号墓还出土了一幅脑洞大开的细绢彩墨画《太一将行图》。"太一"是楚人崇拜的至上神，这幅帛画是与"太一"等神祇有关的巫术图画。《太一行将图》长45厘米、宽43.5厘米。整幅帛画是由太一神、雷公、雨师、

《太一将行图》

《太一将行图》
（细节图）

青龙、黄龙、黑龙及四个武弟子组合而成，具有特殊的护驾意义。帛画中间的人物面红身赤，头上长着双重鹿角，嘴巴张开，舌头外吐，上身裸露，两手向下垂，下身穿短裤，赤足，双膝微屈，作马步状。身旁题有"太一将行"的字样，他就是古人又敬又怕的太一神。太一的左上方和右上方分别站着雷公和雨师，胯下是青龙，青龙左右还有四名禁辟百兵的弟子。《楚辞》中有"东皇太一"，为天之尊神，位居中央，百神随从。楚地对太一神非常崇拜。到了汉代，太一神成为天之尊神，主宰诸神。他威力巨大，可以令风雨、灾害、饥饿、兵祸远离人群。

墓主人作为驻守长沙国南部的高级军事将领，他要面对强大的南越国的入侵，想在战场上逢凶化吉，除了依靠自己高超的战斗本领之外,也会祈求神灵的庇佑吧!

从艺术的角度来看,《太一将行图》具有浓郁的浪漫风格,造型构图甚是奇妙;帛画构图均衡对称,法度谨严;帛画书画并用,开创了中国绘画书款题识的先河。

这幅帛画在肖像的刻画方面亦颇具特色,帛画上所绘的"太一"神像及其"武弟子"像都采用正面描绘,其中尤以"太一"神像绘得比例匀称,神态毕现,特别是那双腿分开、重心下移的跨龙姿态,更是传神地表现出了"太一将行"的样子和仪态。

蓬山此去无多路

马王堆汉墓出土的五幅帛画,描绘了汉代人对于宇宙时空遐想和人生归宿的追求。画中有对原始神明的崇拜,有兵戈铁马的尚武精神,也有绘画构图和色彩的创意,由此可以看出汉代楚地的人文景象。

绫罗绸缎为衣,山珍海味为食,这样的生活让皇亲国戚、达官显贵们恋恋不舍,表达出了"永生"的生命观。他们在生前就会考虑死后的事情,越有社会地位的贵族,越在意自己死后的墓葬是否豪华。陪葬品种类繁多,数不胜数,仿佛是去往另一个世界的"行李"一样,要带着奴仆、珍宝、绫罗绸缎、餐食用品等等,这样代表着自己死后飞往仙境,继续自己生前的锦衣玉食、荣华富贵。正如长沙马王堆汉墓出土的丝绵袍中的一句话"安乐如意,长寿无极",这句话的意思是:死亡,并不是生命的终止,而是走向另一个世界。

湖南博物院辛追夫人墓坑3D投影

正是因为有这样的丧葬礼制,才有了琳琅满目的陪葬品,今天的我们才能在一座座博物馆的文物中探索那个久远的从前,感受跨越了千年万年的时空对话。

数字科技展现西汉风采

湖南博物院为轪侯家族定制了一个现代"家园",辛追夫人安详地睡在"卧室"里。马王堆汉墓中的棺椁、珍宝、帛书、漆器、木俑等"轪侯家族财产"都完好地存放在展厅里。

湖南博物院还精心编排了《一念·辛追梦》马王堆动态复原展,用数字和舞台的方式,将历史文物复原展示与中国传统艺术京剧表演相结合,讲述了西汉初年长沙国丞相轪侯夫人辛追的故事。

《一念·辛追梦》时常 35 分钟，一经上演，深受观众喜爱，甚至一票难求。奇幻的数字特效、多媒体视觉影像、独特的舞美设计，还原了西汉的战争、宴饮等历史场景，让观众仿佛置身其中，穿越回到了西汉初年的长沙国。

做客辛追夫人的"家园"，一睹西汉风采，这就是文物的魅力！更多的神秘故事，等你来了解。

图书在版编目（CIP）数据

这就是马王堆 / 萨日娜著 . -- 北京：五洲传播出版社，2024.7
（博物馆奇妙之旅）
ISBN 978-7-5085-5231-6

Ⅰ.①这… Ⅱ.①萨… Ⅲ.①马王堆汉墓—考古发现—通俗读物 Ⅳ.① K878.84-49

中国国家版本馆 CIP 数据核字 (2024) 第 091486 号

作　　者	萨日娜
插　　画	南　方
图　　片	萨日娜　刘凤玖　视觉中国　图虫创意 / Adobe Stock
出 版 人	关　宏
责任编辑	梁　媛
装帧设计	红方众文　朱丽娜　龚　爽
出版发行	五洲传播出版社
地　　址	北京市海淀区北三环中路 31 号生产力大楼 B 座 6 层
邮　　编	100088
发行电话	010-82005927，010-82007837
网　　址	http://www.cicc.org.cn，http://www.thatsbooks.com
印　　刷	天津裕同印刷有限公司
版　　次	2024 年 7 月第 1 版第 1 次印刷
开　　本	889mm×1194mm　1/16
印　　张	8.5
字　　数	120 千
定　　价	68.00 元